예수를
고발한다

=== 신(神) 없는 우주 ===

신의 아들이라 한
예수는 희대의 사기꾼
– 우리가 잘 모르고 있는 것들 –

지은이: 이루다

본명: 이상수(李賞洙)

아호(雅號): 1. 화완(化完) 2. 중화(中和) 3. 각천(覺天) 4. 완생(完生)

종교인·지식인·직장인·군경인·학생·주부 등
모든 사람의 필독서입니다.

◉ 구세(救世)한 적이 없는데 '구세주'란 가당치 않다.

◉ 신(神)이란 플라세보 (Placebo, 가짜 약) 같고,
  신(神)을 믿는 종교는 유통 기한이 지난 식품 같다.

◉ 신(神)에 현혹됨은 망상이고, 신(神)을 빙자함은 기만
  이다.

◉ 신(神)이 사람을 만든 것이 아니라, 사람이 신을 지어
  낸 것이다.

⦿ 우리는 지어낸 신(神)에 예속된 창조물도 아니고, 그 신
(神)의 아들이라고 사칭한 자를 섬기는 종도 아니다.

⦿ 신(神)의 아들이라고 사칭한 예수는 인류 역사상 희
대(稀代)의 사기꾼이다.

⦿ 우리는 오로지 활로를 찾고, 성취와 완성, 그리고 완
생(完生)을 이루고자 창의, 창조하고 진보, 진화하는
자들이다.

⦿ 삶이란 참길을 찾는 것이고, 참길을 찾는 것은 참되
고 올바르게 깨닫기 위함이며, 올바른 깨달음은 성취
와 완성, 그리고 완생을 이루고자 함이다.

목차(目次)

제1장. 예수를 징치한다(예수가 지은 죄목)

제2장. 우리가 잘 모르고 있는 것들

- 용인대학교 강당에서 강연하고 있는 저자 근영 -

- 저자는 수많은 특허증을 획득하였다. -

예수를 징치한다
(예수가 지은 죄목)

진리란 무엇인가?

◉ 참된 도리이고 바른 이치이다.

◉ 어떤 명제가 사실과 일치하거나 논리의 법칙에 맞는 것이다.

◉ 언제나 올바른 자, 누구에게나 타당하다고 인정되는 인식의 내용이며 참이다.

◉ 태어나서 산다는 목적과 삶의 진정한 의미를 깨닫게 하는 것이다.

◉ 진실과 거짓, 옳음과 그릇됨, 선과 악, 사리 분별, 천·지·인(天·地·人)을 올바르게 알고자 함이고, 올바르게 잘 앎을 잘 알리는 것이다.

◉ 흰색을 흰색이라 하고, 검은색을 검은색이라고 하는 것이다.

◉ 콩 심은 데 콩 나고 팥 심은 데 팥 난다는 것이다.

◉ 병에 효과가 있다면, 양약도 한약도 생약도 활용하는 것이다.

◉ 모든 것은 변(變)하고 화(化)하는 것을 인지하는 것이다.

◉ 이 지구도 저 달도 저 태양도 저 별들도 소멸된다는 것을 인지하는 것이다.

◉ 신과 마귀, 천국과 지옥이란 구실이고, 업보와 윤회는 방편이었음을 숙고하고 깨달아 앎을 아는 것이다.

◉ 인류의 목표는 살기 좋은 다른 천체로 이주해야 함을 인지하는 것이다.

역대 명사 등의 신(神),
예수에 대한 견해

◉ "신(神)이란 플라세보(Placebo, 가짜 약) 같고,
신을 믿는 종교는 유통 기한이 지난 식품 같다."

            - 이루다, 시인, 철학자, 사상가, 문학가, 병법가, 무도인 -

◉ "신 없는 우주에 신의 아들이라 한 '예수'는 '희대의
사기꾼'이다."

            - 이루다, 시인, 철학자, 사상가, 문학가, 병법가, 무도인 -

◉ "구세(救世)한 적이 없는데 '구세주'란 가당치 않다."

            - 이루다, 시인, 철학자, 사상가, 문학가, 병법가, 무도인 -

◉ "자연과 우주 속에서 발견된 신의 존재 증거는 단 하
나도 없다.
특별한 주장에는 특별한 증거가 필요하다."

            - 칼 세이건, 퓰리처상을 수상한 천문학자 -

◉ "나는 지금까지 인류가 겪은 것 중 가장 끔찍한 재앙
은 일신교라고 생각한다. 유대교와 기독교 혹은 이슬

람교에서는 인간에게 도움이 되는 미덕을 전혀 찾아
볼 수 없다."

– 고어 비달, 《집에서(At Home)》 중에서 –

◉ "신은 객관적 존재가 아니라, 심리적 필요에 따라 인
간이 만들어 낸 환상에 지나지 않으며, 종교란 어떤
객관적 진리를 보여 주는 것이 아니라, 심리적 만족
을 위해 인류가 꾸며 낸 환상적 이야기에 불과하다."

– 지그문트 프로이트, 심리학자, 정신분석학의 거장 –

◉ "종교는 환상이다."

– 지그문트 프로이트, 심리학자, 정신분석학의 거장 –

◉ "현세의 삶도 다 알지 못하는데, 사후의 일을 어찌 알
겠느냐!"

– 공자(孔子), 중국 노나라의 사상가, 유교의 개조, 자는 중니, 이름은
구, 공자의 '자'는 존칭이다. –

◉ "기독교라는 종교 체계는 상식에 대한 모독이다."

– 토머스 페인(1737~1809), 미국 독립 전쟁의 영웅 –

◉ "나는 인간의 영생을 믿지 않는다. 그리고 윤리는 전

적으로 인간들의 관심사일 뿐이며, 그 배후에 초인적
인 권능 같은 것은 없다고 생각한다."

– 알베르트 아인슈타인(1879~1955),《알베르트 아인슈타인: 인간적

인 면모》중에서 –

◉ "역사에 기록된 가장 가증스럽고, 잔혹한 범죄들은
종교나 그와 동등하게 고상한 동기들의 비호 아래
저질러진 것이다."

– 마하트마 간디(1860~1948), 인도의 독립운동가,《믿음의 퇴보 The

Degeneration》중에서 –

◉ "분별 있는 사람은 모두 무신론자다."

– 어니스트 헤밍웨이(1899~1961), 노벨 문학상 수상자 –

◉ "올바르게 읽는다면, 이른바 성서는 무신론의 가장
강력한 근거가 된다."

– 아이작 아시모프(1920~1992), 과학자, 집필가 –

◉ "우주에는 신이 없다."

– 데이비드 밀스(David Mills), 미국 작가 –

◉ "신은 죽었다!"

– 프리드리히 니체(1844~1900), 독일의 시인, 철학자 –

◉ "만들어진 신"

– 리처드 도킨스, 영국의 진화생물학자, 《이기적 유전자》 및 《만들어진 신》의 저자, 옥스퍼드대학 명예교수 –

◉ "인간이 고안한 온갖 지식, 철학, 종교 등 이념적 체계도 결국 실존의 근원적 무의미성을 덮어 보려는 '알리바이'에 불과하다."

– 사르트르, 프랑스 출신 실존 철학자, 문학가 –

◉ "우리가 지금 생각을 바꾸지 않는다면 결국에는 모든 것을 잃고 말 것이다."

– 알베르트 아인슈타인, 천재 물리학자, 노벨 물리학상 수상 –

◉ "천국을 팔고 신을 빙자하여 먹고사는 무리가 세계 도처에 널려 있다."

– 이루다, 시인, 철학자, 사상가, 문학가, 병법가, 무도인 –

◉ "교당의 지붕 위에 세운 십자가 꼭대기에 피뢰침을 세워야 벼락을 막을 수 있다."

– 이루다, 시인, 철학자, 사상가, 문학가, 병법가, 무도인 –

◉ "지구가 어느 한순간 혜성을 비롯한 또 다른 천체와

의 대충돌로 산산조각이 난다거나 블랙홀(Black Hole)
로 빨려 들어간다면 존재함이 없어지게 되므로 생멸
(生滅, 생김과 없어짐)이 없게 된다.
그러므로 이른바 신과 마귀, 천국과 지옥이란 구실이
고, 업보와 윤회는 방편이었음을 숙고하고 깨달아야
한다."

– 이루다, 시인, 철학자, 사상가, 문학가, 병법가, 무도인 –

⊙ "신도 부활도 천국도 지옥도 없다."

– 이루다, 시인, 철학자, 사상가, 문학가, 병법가, 무도인 –

⊙ "사람들을 세뇌시키는 것은 죄악이다. 특히 부모가
자식들을 세뇌시키는 것은 더더욱 큰 죄악이다.
어린이들은 지각이 떨어져 있고, 분별력과 판단력이
결여되어 있다.
인지와 지성이 갖추어질 때까지 기다려서 스스로 선
택하도록 함이 최선이다.
황당한 미신으로 채워진 이른바 성경책을 읽어 주지
말고 좋은 음악을 들려주면서 훌륭한 책을 읽어 주도
록 하자!
미치광이 사기꾼 예수를 규탄하고 징치하자!
엄격하면서도 부드럽고 따뜻한 부모가 되어서, 올바

르게 가르치는 참부모가 되도록 노력하자!"

– 이루다, 시인, 철학자, 사상가, 문학가, 병법가, 무도인 –

◉ "예수를 믿으면 천국 간다고 외쳐 대면서 선량한 사
   람들을 선도하여 천국을 팔아먹고 사는 설교자가 넘
   쳐 나 있는 세상이 참으로 개탄스럽다."

– 이루다, 시인, 철학자, 사상가, 문학가, 병법가, 무도인 –

◉ "예수가 아담의 자손인 이상 예수는 사람일 뿐이다."

– 이루다, 시인, 철학자, 사상가, 문학가, 병법가, 무도인 –

◉ "신 없는 우주에 신(神)의 아들이라고 행세한 희대의
   사기꾼 예수를 고발한다."

– 이루다, 시인, 철학자, 사상가, 문학가, 병법가, 무도인 –

세상의 모든 지성인과
자유사상가에게 이 책을 바칩니다

바람이 분다
또 그렇게

예나 지금이나
해는 뜨고 지고
달도 뜨고 진다

산은 울울창창하고
물은 얕고 깊게 흐른다

꽃도 피고 지고

인생도 젊고 늙고
그렇게 세월도 흐르고
오고 간다

용감하고 꿋꿋하게
과학적 방법론에 헌신하며

세상을 밝게 올바르게

암흑시대에서 벗어나게 한

세상의 모든 지성인과
자유사상가에게

이 책을 바칩니다.

– 이루다–

이 책을 쓰면서

예수는 희대의 사기꾼

세계 일류 석학들은
신과 종교를 부정하면서도
'예수'에 대한 비판은
가급적 피하고 있네

그것은 광신적 신도가
두려워서 못 하고 있네

이에 나는 똑바로
'예수'를 지목하여
그의 거짓됨을
밝히려하오
신 없는 우주에
신의 아들이라고
사칭한 '예수'는

인류 역사상
희대의 사기꾼이라네.

이 책을 쓰면서

가루라 금시조

떠오르는
밝은 태양을 안고
눈부신 황금 날개 펼치면서

가루라 금시조(迦樓羅 金翅鳥)
빛나는 눈빛으로
천지를 살펴보니

용들은 모두
숨어 버리는구나

아자자!
현묘(玄妙)한 날갯짓이여
천상천하(天上天下)에
거칠 것이 없구나.

해 뜨던 이른 아침
太白山頂에서

비천대붕(飛天大鵬)

난(蘭)은 깊은 곳에 있어도 그 향기 그윽하고
솔(松)은 눈서리 모질어도 그 모습 푸르다.

어느 때나 경륜지사(經綸之士)를 만나
큰 꿈을 이루련가

어느 때나 미향선녀(美香仙女)를 만나
회포(懷抱)를 풀어 보련가

어느 때나 금란지교(金蘭之交)를 이루련가

새벽이 열리니 어둠은 사라지고
찬란한 태양이 떠오르네

천광(天光)이 충전되니 접혔던 황금 날개
활짝 펴서 구만리 장천(九萬里 長天)을
단숨에 날으니 한 쌍의 대붕(大鵬)이로세.

해 뜨던 이른 아침
설악 山頂에서

봄이 왔네

봄이 왔네 산에 들에 꽃이 피네
내 마음도 꽃이 되어 피네
산새 들새 노랑나비 호랑나비
훨훨 날아오네
나물 캐는 아가씨야
봄 향기 한 아름 담아 오소
내 마음도 한 아름 담아 가소

봄이 왔네 아지랑이 아른아른
내 사랑 그리워지네
아른아른 그리워지네
그리운 내 사랑아 그리워라
꽃길 걷던 그날들이
새록새록 떠오른다
내 사랑아! 내 사랑아!

봄 오는 날 이 책을 마무리하면서

와병 중에

임아! 임아!

가 버린 시절은 아득하고
꿈속에 그린 임은 오지 않네

철 지난 계절은 다시 오지만
가 버린 청춘은 다시 못 오네

떨어진 꽃들은 다시 피어나는데
한번 가신 임은 다시 오지 못하네

임아! 임아! 그립고 그리워라.

봄 오는 날 이 책을 마무리하면서

와병 중에

꽃이 피네

꽃이 피네 꽃이 피네
봄과 여름 가을 겨울
사시사철 피어 있네

산에 들에 길가에도
꽃밭에도 집안에도
아름다운 꽃은 피네

생김새는 다르지만
이름 없이 피어나도
꽃은 꽃이라 하지요

어화둥둥 내 사랑아
어화둥둥 내 사랑아
꽃잎처럼 아름답네

봄 오는 날 이 책을 마무리하면서
와병 중에

아기 바람

누나 얼굴 내 얼굴
환히 비추인
거울같이 맑은 옹달샘

애니의 작은 발자국 소리 들리는
꽃길 사이로

눈부신 금빛 햇살에
번쩍이는 수정 이슬 머금고
파아란 하늘과 함께 온
아기 바람은 장난꾸러기

옹달샘 속 잔잔한
누나 얼굴 내 얼굴
어리어리 흔들어
어지럽히고

저만큼 달아나다 말고
되돌아와서

꽃밭에 노랑나비 흰나비
나래 맴돌아
훨훨~~ 춤추이고

꽃망울 하나둘

방싯 열어 보이는
그 바람 꽃 내음
퍼지게 하는
마음 빛 설렌 늦은 아침에
하얀 꿈 담아
칠색 영롱한 무지갯빛은
옹달샘 맑은 물에

열두 번 헹구어 낸
비단실 누나 머릿결

다시금 흩날려
인어공주 만들고

바람은 또 그렇게
솔솔 내 가슴에 스미며

로렐라이
속삭여 주네

바람! 바람! 아기 바람아-

저자가 중학교 시절에 장원 입선한 시

무영탑

불살라 또 사르고
뜨거움에 녹아내려
지치다 재가 되고
천 년 수정사리(水晶舍利)
속살 깊이 숨기면서
오히려 방·원(方·圓)의
깊은 뜻 겉으로 드러내어
겨웁도록 살아온
이끼 낀 여백에
무늬 얹어
못다 핀 하얀 넋
'아사녀'
아! 그 이름
순명의
떨리는 몸부림으로
점점이······.
살점으로 토해 내던
무딘 쇠 정(釘)에
피멍으로 울부짖던

숱한 상흔의 세월들

그 역정(歷程)

풍상에 씻기어도

다시금 맴돌아

제자리에

아직도 삭이지 못하고

'아사달'

아! 그 숨결-

지금도 가파 오고

청호(淸胡)에 차라리

그림자 없앤

석양빛 하늘 담아

붉게 타오르는

그 하늘 다 받쳐 이고서

정토(淨土)의

새벽을 여는

합창 속 침묵으로

서서 조는

고된 넋이여-

아사달- 아사녀-

슬픈 인연이여-

저자의 고교 시절 경주 불국사 수학여행 도중

무영탑 아래에서 장원 입선한 작시

蘭香靑松(난향청송)

난(蘭)은 깊은 곳에 있어도
　　　　그 향기 그윽하고
솔(松)은 눈서리 모질어도
　　　　그 모습 푸르다.

이 책을 권(勸)하면서 저자도 소개한다

저자는 평소에도, 신(神)이란 '플라세보(Placebo: 가짜 약)' 같고, 신을 믿는 종교는 유통 기한이 지난 식품 같다고 하였다.

또한 우리는 지어낸 신(神)에 예속된 창조물도 아니고, 그 신의 아들이라고 사칭한 자를 섬기는 종도 아니다.

신의 아들이라고 사칭한 예수는 인류 역사상 희대(稀代)의 사기꾼이고,

구세(救世)한 적이 없는데 구세주란 가당치 않다고 하였다.

간단명료하며 간결하게 다듬어진 이 책을 권하면서 저자도 소개하고자 한다.

내가 저자인 화완[化完, 저자의 호, 저자는 호가 여러 개 있다. 중화(中和), 각천(覺天), 완생(完生) 등]을 알게 된 것은 대학교 시절 저자가 학생회장에 출마했을 때이다.

나는 그의 문무겸전하고 다방면에 걸친 출중한 학덕과 탁견(卓見, 뛰어난 견해), 그리고 그의 의기에 감동된 바 있어 사귀게 되었다.

저자는 6세 때 유치원(당시 왜정 때였는데 한국인의 입학이 어려웠다)에 입학을 하였고, 또 한편으로는 '독서당'에서 한학(漢學)을 3년간 수학을 하였다.

7세 때 집안 잔칫날 이른 아침 머슴들이 돼지를 무자비하게 죽이는 것을 목격하고서 큰 충격을 받고 난 후부터 육식을 하지 않기로 결심하고 지금까지도 줄곧 어느 육식(물고기도 포함해서)도 전혀 하지 않고 있다.

사회생활을 하면서도 그를 지켜봐 왔다. 무엇보다도 그의 불굴의 투혼으로 엮인 진리에 대한 탐구심, 끈질긴 도전과 발명에 대한 연구 개발(그는 발명 특허 등록 등 수많은 특허권을 획득한 바 있다)

그리고 따뜻한 인간성

명리와 세사에 늘 초연했던 저자는 동국대학교를 나온 후 여러 곳의 사찰을 돌면서 스님들에게 불법과 무술 등을 가르쳤고 부천시에서 '행선원'을 개설하여 4년 간 수행을 하였고, 또 공주에서 '은불사'를 개설하여 4년 간 수행을 하였다.

참고로, 한 분야의 전문가적 경지에 도달하려면, 적어 도 1만 시간 이상의 철저한 학습(學習, 배워서 익힘)을 해야 한다.

저자는 수행 생활을 하면서도 틈틈이 여러 권의 책자 를 집필하였다.

특히 《의무도교범(醫武道敎範)》을 출판하였다.

또한 동·서양의 유명한 서책을 두루 탐독한 후, 창작 에 몰두하였다. 특히 각종 병법을 섭렵하고 깊이 연구하 고서, 현대전에 맞도록 집필하여 이를 출판하였다.

이후 《의무도교범》 책으로 서울에서 직접 학생들을 가르쳤고, 또한 용인대학교에서 이에 관한 특강을 하기 도 했다(앞면 사진 참조 요망).

뒤이어 저자는 '사회단체 의무도협회'를 창설하고서 문체부에 정식 등록을 마치고 동 협회 종신 회장 직책 을 맡게 되었다. 또한 승단대회 실시 때 의무도 공식 10 단 자격증을 취득한 바 있다(참고로, 창시자만이 10단 자격이 부여된다. 수련생 등은 최고 등급이 9단까지만 인정되고 있다).

저자는 1967년 5월 11일에 서울특별시 관악구 봉천동 소재에 엄청 큰 우물(가로세로 각 5m) 2개를 사비를 들여 조성했다. 넓은 주위 공간에서는 빨래도 할 수 있다. 하나는 물이 맑아서 일정(日井)으로, 나머지 우물은 물이 약간 뿌예서 월정(月井)이라고 저자가 직접 명명했다. 지금도 일정(日井) 우물은 그곳 주민들이 이용하고 있으며, 월정(月井) 우물은 당시 국회 소속 직원들의 단지 조성으로 편입되어 사용했었다.

당시 여의도 일대 철거민 4,000여 세대가 한꺼번에 몰려와, 수도 시설이 없었던 시절이라, 무엇보다도 식수 문제가 급선무였는데 이를 해결해 준 바 있다.

저자는 발명에도 특출하여 발명 특허 38가지, 실용신안 및 의장 특허 40여 가지를 대한민국 특허청에 등록을 한 바 있다.

그의 열정과 도전은 지금도 여전하다.
저자는 나에게 자주 말해 주었다. "힘과 두뇌는 쓸수록 는다."라고.

그리고 "사람은 감정에 따라 움직이고 감정은 뇌에 따라 움직인다."라고 말했다. 또 "바꿔야 할 건 마음이 아니라, 마음을 움직이는 것은 역시 뇌다."라고 하면서 뇌를 항상 젊게 만들어야 한다고 하였고 착실한 수련 생활을 통하여 마음과 뇌를 보다 맑고 밝게 하여야 함을 강조하였다.

저자는 드물게 명석한 뇌를 지니고 있는 특별한 사람일 뿐만 아니라, 다방면에 깊고 넓은 지식을 갖추고 있는 큰 인물임을 새삼 느끼고 있다.

그의 시서, 무도, 병법, 문학, 의학, 철학, 예술, 역학, 발명, 종교 등 실로 광범위하고 다방면에 걸친 실력과 해박함은 독보적 경지로 다시 새롭게 태어나고,

상통천문, 하달지리, 인정의 기미에 이르기까지 무불통지, 막힘이 없이 앞서 있는 생각은 우리를 항상 깨우쳐 주곤 하였다.

그가 평소 꾸준히 집필해 둔 후세에도 기리 빛날 서책은 《동서철학 사상사 대관》, 《민주주의 대강》, 《진기세보》, 《역학의 바른길》, 《완생을 향해서》, 《예수는 신의 아들이 아니다》 등이 있다.

그리고 논문《정치력 사관의 당위론》,《동서 철학 사상의 비교론》 등

시집《휴화산 철쭉꽃》,《산다는 것은》,《당신이 가시는 날에》,《우주 어디에도 신은 없다오》,《인생이란 어차피 비극이라오》,《매화꽃 향기를》 등

오랜 지기이나 지금도 나는 그에 대해서 모르는 것이 많다.

그를 대할 때마다 느끼는 일이지만, 눈에 띄는 그의 밝고 준수한 풍모와 민첩하고 세련된 동작, 자유분방하면서도 정연한 지론, 가늠할 수 없는 정신세계,

그리고 우주를 관통한 '완생 진리'에 관한 뚜렷한 진리관, 우주관, 철학관······.
옛적에 그가 용·봉으로 보였는데, 지금은 용·봉의 경지를 넘어서 '금시조'같이 보임은 그가 하늘 문을 열고 천의무봉을 걸치고서 자유자재로 시공을 넘나드는 자유인이기 때문이며, 고금을 통한 불세출의 선각자이기 때문이다.

아카데미(Academy) 소속

정신문화원

원장 김시연

예수를 징치한다(예수가 지은 죄목)

1. 신의 아들이라고 한 죄

2. 혹세무민한 죄(세상을 미혹하게 하고 사람들을 속임)

3. 구세한 적이 없는데 구세주 노릇을 한 죄

4. 신통력이 있는 양 행세한 죄

5. 사람들을 선동한 죄

6. 세상을 속이고, 사람들을 속이고, 자기 자신을 속인 죄

숙고 대략 1(熟考大略 一)

온고지신(溫故知新)이란 말이 있다. 《논어(論語)》의 위정편(爲政篇)에 나오는 것으로, 옛것을 연구하여 거기서 새로운 지식이나 도리를 찾아내는 일이란 뜻이다.

옛것은 추리고 가려내고, 버릴 것은 버려야 한다.

우리는 변화에 적응하고 새로워져야 한다.

날로 새로워지고, 날이면 날마다 새로워지며, 또 날로 새로워져야 한다.
筍日新 日日新 又日新

새로워짐은 변화함이고, 변화에 적응하면 살아남아 번성할 수 있고, 변화에 적응하지 못하면 도태되고 멸망된다.

성장하고 생명을 유지함은 세포가 계속 교체되기 때문이다.

나비도 매미도 잠자리도 새롭게 변화해야 날게 된다.

뱀도 탈피(脫皮)해야 산다.

과거에 갇혀 있으면 잠재되어 전진할 수 없다.

어리석은 자들은 과거에 얽매어서 현재를 희생하면서 산다. 모든 것이 변화하고 있는데 낡은 사고(思考)에 갇혀 있으면, 창의, 창조적 변혁은 요원하게 될 것이다. 과거는 목적이나 목표가 될 수 없고, 가려내고 추리어 낸 수단이나 참고로 사용될 뿐이다.

지배적이냐 피지배적이냐, 끌고 가느냐 끌려가느냐는 죽느냐 사느냐와 연결된다.

사유의 높이와 넓이는 삶의 높이와 넓이를 가늠하고 결정하게 된다.

세계를 이끌고 관리하는 넓이와 높이를 가늠하고 결정하게 된다.

창의, 창조적 생산자에게는 모든 것이 유동적으로 존재하지만, 맹신, 맹종자에게는 특정된 타의에 의해서 추종자에게 머물고, 고정되어 타성(惰性, 굳어 버린 버릇)적이고, 무비판적인 세계관, 그것은 타의에 의해서 이끌려 가기 마련이다. 창의, 창조적 생산자에게는 모든 이념도 언제나 변할 수 있는 가변적인 것이지만, 고정관념에 얽매인 맹신, 맹종자는 불변을 수호하겠다는 착각에 빠진다.

오늘은 어제와 다르고 오늘은 내일과 다르다.

나와 당신은, 즉 우리는 과거나 미래에 결코 현 상태로 존재할 수 없다. 인간은 현재에만 존재할 수 있다.

배움이란, 과거의 앎을 무너뜨리고 새로운 것을 찾아 전진함을 깨치는 것이다. 세계와 우주 천체의 현실적, 과학적 배움과 연동하는 사유와 창의력과 창조력을 발휘하는 것이 인류를 구하는 길이 된다.

편견과 습관은 고정관념에 묶이게 되고 고정관념은 소통의 문을 닫게 하여 착각과 오류에 갇히게 된다. 환상이나 속단은 경계의 대상이다. 근본적 맹점을 발견하고 직언하며 새로운 변화에 적응토록 지도하고 방향 설정을 제시함은 지성의 임무이다.

문득 트인 깨침이 새로운 길을 연다.
뚫린 길은 쉽고 편하다.

숙고 대략 2(熟考大略 二)

　세계 도처에서, 현재 일요일에 실질적으로 교회에 나가는 사람이, 인구 비례로 볼 때, 가장 많은 나라가 한국이며, 또한 광신적 신앙의 형태를 보유한 사람이 가장 많은 나라가 한국이라고 한다. 어떻게 해서 그토록 짧은 역사적 과정을 통해 한국이 광적인 기독교 국가가 되었는지 생각하면 참으로 한심스럽다.

　교회들은 경쟁이나 하듯 더 넓고 크게, 더 웅장하게 건물을 짓는다. 그래야만 많은 사람이 더 모여들기 때문이다. 그리고 목청 좋은 목회자를 모셔 오고, 부흥회를 자주 거하게 치러야만 큰 자금 형성을 한다는 것이다.

　마치 옛적에 무당들이 굿을 하면 많은 사람이 모이듯이 말이다.

　이들 각 교회 집단에는 세금을 부과하지 않는다. 정치인들은 행여나 득표하는 데 지장이 있을까 봐 입법 추진을 하지 못하고 있는 실정이다. 이러한 문제가 신성한 민주주의 발전에 저해 요인으로 작용하고 있으니 참으로 개탄스럽다.

이른바 천국을 팔고, 성경을 빙자하여 스스로 종 중에 모범 종이 됨을 환호하면서, 사람들에게 망상을 심어 주어서 광신적 신도 양산에 경쟁적으로 유도, 유인하여 환상의 늪으로 인도함을 일삼고 있는 교단의 지도자와 목회자들은 자숙하고 각성하여 21세기 과학 문명 시대에 새롭게 눈을 뜨고서, 과연 사람에게서 태어난 '예수'가 신(神)의 아들인가를 되새겨 보고, 또한 우주 어느 곳에도 신이 없음을 깊이 깨달아야 할 것이다.

한국 기독교의 문제는 다음과 같다.

첫째, 한국 기독교 문화는 너무도 사악하다. 우선 한국 기독교는 근원적으로 그 진리 자체와 무관한 반공이라는 이념과 결탁되어 우리 민족의 통일을 가로막는 가장 거대한 세력을 형성하여 왔다.

둘째, 한국의 기독교는 지나치게 배타적이며 독선적이다. 자기의 교리만 지선이며, 그 나머지는 모두 사악하다고 보는 단순 논리는 우리 사회의 온갖 양태의 분열을 조장하는 끊임없는 에너지가 되고 있다.

셋째, 한국의 기독교는 지나치게 종말론적이다. 따라서 현실에 대한 명료한 인식을 흐리게 만든다. 인간의 모든 문제를 초세간적 실체를 동원하여 설명하기 때문에 현실을 개선하는 치열한 노력을 너무 쉽게 포기하며, 막연한 신의 품에 실존을 방치한다.

넷째, 한국의 기독교는 지나치게 친미적이며, 친서구적이다. 미국에 대한 굴종은 대부분의 골수 기독교인의 생리에 스며 있는 성향이다. 그러나 미국과 기독교는 별 상관이 없다. 미국의 프로테스탄티즘은 기독교를 크게 왜곡하고 있는 말초적 문명 중의 하나이며, 나다엘 호돈이 《주홍글씨》를 통하여 역설하고 있는 퓨리타니즘적 리고리즘(Rigorism)에 대한 건강한 반성조차도 더 이상 이루어질 여지가 없다.

기독교가 인류에게 보편적 도덕을 가르칠 수 있는 어떠한 저력도 그 문화 현상으로서 보지하고 있질 못하다.

친미는 냉엄한 정치적 이해득실의 문제일 뿐 정신적 굴종의 기반이 될 수 없다.

기독교는 맨발의 예수, 갈릴리의 비바람으로 되돌아

가야 하는 <u>우리 실존의 한 사건일 뿐</u>이다.

많은 사람이 인생을 살아가는 데 종교는 꼭 필요한 것이라는 생각을 하고 있다지만, 인간이 살아가면서 검토되지 않은 채 자명한 공리처럼 들어앉아 있는 사유의 콤플렉스는 매우 위태로운 것이다.

인간에게 신을 믿는 종교는 좋은 것이 아니라 나쁜 것이다. 인류 역사에서 신을 믿는 종교가 인간에게 끼친 악영향은 선영향의 수천만 배가 된다.

인류의 모든 억압 구조는 신을 믿는 종교에서 생겨난 것이며, 니체의 말대로 인류의 모든 노예근성은 종교가 세뇌해 온 것이다.

인간을 가장 거대한 규모로 파멸시키는 과도한 전쟁들은 거의 모두 신이란 종교적 명분으로 자행되어 온 것이다.

현재도 팔레스타인, 이라크, 이란, 아프가니스탄, 아프리카의 종족 사이에서 벌어지는 전쟁이 모두 신을 믿는 종교와 관련이 있다. 이데올로기의 대립도 모두 신을 믿는 종교와 연결되어 있다.

신을 믿는 종교가 없으면 전쟁도 없어지고, 탐욕도 없어지고, 모든 사람이 평화롭게 사는 한마음 공동체가 될 것이다.

신을 믿는 종교는 인간의 미성숙한 자기 왜곡의 표현에 불과하다. 인간을 불완전하고 타락한 존재로 보는 모든 속박을 벗어던지고 자기의 가능성을 최고로 발현하는 자아 해방이 필요하다고 하겠다.

비윤리적, 비합리적, 비논리적, 반사회적, 비현실적, 이기적, 미신적 기독교가 우리 민족의 심령을 지배한 것은 불과 두 세기밖에 안 된다.

니체가 "신은 죽었다."라고 하였지만, 애당초 신은 존재하지 않았으므로 우리는 니체처럼 미칠 이유도 없을뿐더러, 우리에게는 애초에 살해해야 할 신이 없었다는 사실이다.

그것은 명사가 아니라 형용사이며, 주어가 아닌 술부이다. 근본적으로 존재의 대상이 아닌 것으로 오직 상식일 뿐이다.

나는 생각해 본다. 니체가 "신은 죽었다."라고 하였는데 이 말은 원래 신이 있었다는 의미로도 해석될 수 있기 때문에 논리적 모순이 된다.

그래서 나는 애당초 우주 어느 곳에도 "신은 없었다."라고 하는 것이다.

많은 사람이 종교의 가장 으뜸이 되는 주제가 신(God)이라고 생각하지만, 사실 신이라고 하는 것은 근원적으로 존재의 대상일 수가 없기 때문에 토론의 논리적 주제가 될 수는 없는 것이다.

"신이 존재한다." "존재하지 않는다." 등등의 이야기는 특정한 언어 게임의 맥락에서만 의미를 가질 수 있는 말장난에 불과하다. 그런데 왜 사람들은 그런 말장난을 계속하고 있을까?
그것은 돈이 벌리기 때문이다. 돈이 안 벌리면 근원적으로 그런 식으로 말하지 않을 것이다. 신이 존재의 대상이 될 수 없다면 그것은 무엇인가?

신은 명사가 아니다. 사람들이 그것을 명사라고 생각하기 때문에 자꾸만 존재의 대상이라고 착각하는 것이다. 동방인에게 있어서 신(神)이란 말은 대체적으로 형용사로 쓰였다. 동방인의 원래 생각과 언어 속에 신이란 글이나 말은 비유적 표현으로 많이 쓰여 왔고 또 쓰이고 있다. 동방인에게 신(神)이란 말은 신동이다, 신묘하다, 신기하다, 신효하다, 신비롭다, 신성하다, 신필 같다는 뜻을 나타내는 형용사였다.

맹자도 "성이불가지지위신(聖而不可知之謂神)"이라고 했는데, 성스러운 단계를 지나, 성스러운 동시에 불가지(不可知)의 영역을 확보할 때 그것을 '신(神)'이라고 부른다 했다.

그러나 맹자가 말하는 '신'이란 신적인 경지에 이르는 인간을 말한다. 바둑계의 최고 수준인 9단을 일컬어서 입신(入神, 신의 경지에 이름)이라 하듯 신(神)이란 신적인 경지에 이른 사람을 지칭하기도 한다.

사람들은 최고, 최상을 지향하고자 하며 최고, 최상의 만능자가 되기를 소망한다. 어린이나 청소년들도 슈퍼맨이나 원더우먼 같은 초강자가 되고 싶어 한다.

따라서 인간의 궁극적 목표나 바람은 초진화하여 신

적인 초능력자가 되고자 하는 갈망이 있다. 이러한 바람은 인간의 내면에 깃들어 있고 무소불위(無所不爲)의 권능을 추구하기도 한다.

비록 지어낸 것이지만, 인간은 이른바 신 같은 초능력을 필요로 하고 초능력을 지니고자 한다. 그러므로 또 다른 의미로는 인간은 신적인 존재이기를 소망한다. 우리나라의 근대정신을 나타내는 동학(東學)도 "사람이 곧 하느님이다."라는 주장을 한 치도 굽히지 않았다.

따라서 천도교(天道敎)에서 '인내천[人乃天, 사람이 곧 하늘(한울님)이다]'을 종지(宗旨)로 삼고 있다. 천주교는 결코 하늘을 올바르게 섬기는 방식을 제시하지 못하고 있다. 천주교는 비윤리적, 비합리적, 반사회적, 비현실적, 이기적, 미신적이다.

왜 비윤리적인가? 천주교는 사람의 육체를 죄악의 근원으로 보아 원수로 간주한다. 그러나 자기 몸은 부모로부터 받은 것이므로 그것은 부모를 원수로 여기는 것이다. 이것은 모든 도덕의 근본인 효(孝)를 모독하는 것이다.

동신(童身)을 귀하게 여기는 셀리바시의 사상도 부부의

윤리를 부정하고 인륜과 음양의 근본 원리를 거부하는 것이다. 조상의 제사에 대한 거부도 효의 원리를 거부하는 것이다.

효는 인간과 천지가 소통하는 근본 원리이다. 서양 종교는 하늘의 참된 가르침이 될 수 없으며 도덕규범이 타락한 것일 뿐이다.

원수를 사랑하라는 이야기는 묵자의 겸애설보다도 더 과격한, 현실성 없는 이야기이다.

천주교인들은 부자, 군신 사이의 도덕적 유대의 중요성을 부정할 뿐 아니라 그 의무에 정반대되는 방향으로 나아가기를 요구한다. 또 천주교가 비합리적이라는 것은 천당, 지옥, 영혼, 불멸 등 불확실한 것들을 교리의 중심으로 삼기 때문이다.

삶도 잘 모르는데 죽음을 어찌 알겠느냐고 한, 공자의 태도만이 진실한 것이며, 일상적 관심을 벗어나 초월적 환상에 빠지는 것은 비합리적이다.

인간을 윤리적으로 만들기 위하여 마귀의 기만과 유

혹을 주의하라고 말하는데 인간이 본 적도 없는 마귀에 대한 언급은 오히려 인간의 도덕적 노력을 소홀하게 만들며 현세의 선악에 대한 책임을 경시하도록 할 뿐이다.

창조성 역시 비합리적인 것이다. 천주(天主)가 인간의 모습을 갖추었다는 제수이트의 주장을 배격한다. 천주는 우주를 구성하는 도덕적, 합리적 원리들의 다른 이름일 뿐이다.

그리고 천주교가 반사회적인 것은 내세를 강조하기 때문이다.

<u>인간이 전력을 기울여야 할 일은 현세에서의 선행이다.</u>

천주교인들은 천주와 영혼의 구원을 주위 사람에 대한 의무보다 상위에 둠으로써 인간 공동체의 근본적 중요성을 거부하게 된다.
<u>예수가 아담의 자손인 이상, 예수는 사람일 뿐이며 천주가 될 수는 없고, 신성도 가질 수 없다. 예수는 사람일 뿐 신이 아니다.</u>

<u>아담과 이브의 원칙도 천주의 모함일 뿐이다. 아담과</u>

이브가 죄악에 빠지지 않도록 사전에 계도를 했어야지 죄악에 빠지도록 유도해 놓고 어떻게 그들에게 그토록 가혹한 벌을 내릴 수 있겠는가?

그것은 모순이고 자가당착의 극치일 뿐이다. 그리고 오늘날의 가난, 질병, 죽음 등을 겪는 것이 아담과 이브의 원죄 때문이라고 가르치는 것은 매우 가소로운 논리적 모순이다.

천주교에서 제식에 많은 상(像)을 사용하는데 합리적인 사유를 하는 사람에게는 전혀 매력이 없는 것이다. 과거 미륵불 신앙과 유사한 것이라고 하겠다.

천주교는 이기적이다. 천주교는 영혼의 구원에 관심을 가지지만 유교의 정통은 사회의 선을 강조한다. 사람이 선을 행해야 하는 것은 인간으로서 너무도 마땅한 도리일 뿐이다. 그러한 사회적 선을 행하는 윤리적 바탕이 사람의 본성에 내재한다.

왜 인간이 처벌의 두려움에서 벗어나기 위해, 또한 사후에 보상을 받기 위해서 행동해야 하는지 한심스럽다.

천주교는 현세의 고뇌에서 해탈하기 위해 인간으로서의 당연한 사회적 의무를 저버리는 종교들과 결국 동일하다. 이것은 근원적으로 이기적이다. 구원을 바라는 인간의 이기심으로는 도저히 바른 세상의 도덕의 토대를 구축할 수 없다.

그리고 천주교는 모든 제식적 행위가 미신적인 요소에 찌들어 있다. 세례, 촛불을 밝히는 행위, 죄의 고백, 공개적 기도 등의 제식이 모두 불교 제식과 유사하다.

유교는 법치(法治)가 아닌 인치(人治)를 말하며 종교적 구원이 아닌 인간의 자기 규율, 즉 수신(修身)을 말한다.

유교는 종교라기보다는 사회 체제 그 자체와 함께 직조되어 있는 상식이며 가치이며 의례(儀禮)이다.

유교의 그 궁극적 목표는 성인(聖人, 지덕이 뛰어나 세인의 모범으로 숭상을 받을 만한 사람)에 이르고자 함이다.

또한 군자(君子, 학문과 덕이 높고 행실이 바르며 품위를 갖춘 사람)란 자기 주도적 존재를 말한다.

불교(佛敎)에 있어서도 그 궁극적 목표는 성불(成佛, 부처가 됨)에 있다. 중생도 깨달으면 부처의 반열에 오를 수 있음이다.

선가(仙家)에 있어서도 그 궁극적 목표는 신선[神仙, 선도(仙道)를 닦아 신통력을 얻은 사람, 속세를 떠나 선경에 살며, 늙지 않고 고통도 없이 산다는 것]이 되는 것이다.

한편, 동양적 사고(思考)는 신(神, 귀신 신)이나 천(天, 하늘 천)이란, 인격 신적, 자연 신적에 무게가 실린 견해이고 인식의 체계로 파악될 수 있다.

이른바 신이란, 일컬어 부르는 하나의 이름, 개념, 노미나(Nomina)에 불과하다고 하는 경향이 있지만, 신적(神的)인 것에 대한 동양적 근본 사고는 좌우로 대등한 관계 설정으로 보는 수평적, 평등적 견해이고 사고방식이다.

신적(神的)인 것에 대한 서양적 근본 사고는 상하로, 즉 위아래로 예속되어 있는 주종(主從, ① 주인과 그에 딸린 사람 ② 주가 되는 사물과 그에 딸린 사물) 관계이고, 수직적 견해이고 사고방식이다.

신이 사람을 창조하였기 때문에 사람은 누구나 신에 예속되어 있으며 신에게 절대 복종해야 한다는 주장이 서학(西學, ① 지난날 서양의 학문을 이르던 말 ② 조선 때 천주교를 이르던 말)인 천주학의 근본 사상이고 본질이다.

어느 종교나 도그마티즘(Dogmatism, 독단론, 독단주의)이나 교조주의적 색채를 지니고 있다.

불교나 유교의 사상가들에게도 도그마티즘이 들어 있지만, 그들이 내세우는 명제들이 보편적 상식과 지각에 크게 어긋나지 않고 있다.

사실 불교나 유교는 다른 각도에서 보면, 종교라고 하기보다는 인생철학이나 자기 수양이나 도덕이나 윤리체계 관계로 볼 수 있다.

따라서 불교나 유교는 인류를 극단적으로 몰고 가지는 않았다.

※ 불교[佛敎, 불타(佛陀, Buddha), '바른 진리를 깨달은 사람'을 일컫는 말, 부처의 가르침 또는 그것을 믿고 따르는 종교, 이 세상에서의 온갖 번뇌를 떨치고 수행을 통하여 해탈의 경지에

이르고 부처의 반열에 들을 수 있음을 목적으로 삼는 것]

※ 번뇌[煩惱, ① 마음이 시달려서 괴로움 ② (佛) 마음이나 몸을
   괴롭히는 온갖 나쁜 생각, 욕심(貪), 노여움(嗔), 어리석음(癡)]

※ 유교[儒敎, 공자를 시조로 하여 그와 그의 제자들이 확립한 유
   학을 만들어 모시는 종교, 인의(仁義)를 근본으로 하여 이의 정
   치적, 도덕적 실천을 주장(儒 선비 유)]

나는 종교를 거론함에 있어, 불교나 유교 같은 종교는
비판 대상에서 가급적 제외하고자 한다.

종교를 성역화하고 성역시하여 옳은 말, 바른말을 막
아서는 안 된다.

종교는 옳은 말, 바른말은 물론 충고와 쓴소리도 수용
하여 개선과 시정할 일이 있으면 흔쾌히 개선하고 시정
하는 성숙함이 필요하다.

책을 내면서

⊙ 나는 어린 시절부터 '신은 없다.'라고 생각했다.

⊙ 모든 한자 옥편을 봐도 '신(神)'이란 글자는 귀신(鬼神)
'신' 자로 기록되고 있음과 같이 신(神)이란, 글이나 말
은 귀신과 동의어(同義語)이다.
또한 죽은 자의 위패에 ○○ 신위(神位)라고 적어 놓고
제사를 지낸다.

⊙ 자고이래로 천재지변(天災地變, 자연 현상으로 일어나는 재앙
이나 변고), 재난 질병(災難 疾病, 뜻밖의 불행한 일, 재앙이나 몸에
이상이 생긴 상태, 건강하지 않은 상태), 전란과 폭력, 전염병,
돌발 사고 등으로 생명과 생존이 끊임없는 시달림과
위험으로 점철되었다는 사실이다.
따라서 옛사람들은 공포와 불안, 무지와 어리석음,
망상과 환상에서 비롯되어 신(神)을 지어내어서 지어
낸 신(神)에게 의지하고 간절히 기도하면서 구원을 갈
망하여 왔다.

⊙ 그럼에도 불구하고 인류가 문명화된 지 오래된 현대

에도 오히려 지어낸 신(神)을 숭배하는 집단 세력은 신(神)을 믿는 자는 죽어서 천국에 간다고 끊임없는 선동과 설교로 아직도 깨치지 못한 미개화된 신도들의 절대적 호응으로 날로 더욱 번창하고 있는 실정이다.

⊙ 이른바 신(神)을 믿는 종교는 신이 천지 만물을 창조하였다고 믿으면서 일정한 양식 아래 신을 굳게 믿고 숭배하고 받듦으로써 죽어서는 천국에 갈 수 있음은 물론, 살아서는 마음의 평안과 행복을 얻고자 하는 정신문화의 한 체계라고 그럴싸하게 강변을 하고 있지만, 동서고금을 통하여 그 폐해를 비판한 사람들도 적지 않았다.

그 대표적인 사람이 종교를 심리학적 측면에서 비판한 칼 마르크스(Karl Heinrich Marx, 1818~1883)와 지그문트 프로이트(Sigmund Freud, 1856~1939)이다.

⊙ 마르크스는 "종교는 아편이다."라고 규탄했다. 인간 고통의 심리적 해결책으로 고안해 낸 종교가 불행하게도 해결하기는커녕, 인간을 수동적이며 비현실적이고 도피적으로 만듦으로써 실제로는 인간에게 더

큰 고통과 불행을 안겨 주게 된다는 것이다.

◉ 아편은 일시적으로 고통을 잊게 해 주지만 결국은 더욱 악화시키듯 종교도 아픔의 근원을 제거하지 못하고 병폐만 더욱 확장시킨다는 논리이다.

◉ 프로이트는 마르크스보다 좀 더 비판적이다. "신은 객관적 존재가 아니라 심리적 필요에 따라서 인간이 만들어 낸 환상에 지나지 않으며, 종교란 객관적 진리를 보여 주는 것이 아니라 심리적 만족을 위해 인류가 꾸며 낸 환상적 이야기에 불과하다."라고 하였다.

◉ 또한 프로이트는 "신은 존재하는가?"라는 명제에 특별히 열중했다. 그는 신의 존재가 '변화무쌍한 삶과 고난으로부터 부모의 보호를 원하는 유아적 소망 투사'에 지나지 않는다고 통찰하였다.

이후 '강박장애'를 겪는 환자들을 관찰하면서, "영적 세계관을 수용하는 사람들은 지성이 결핍되어 있고, 보편적 강박 신경증을 겪고 있다."라고 단정했다.

저서 《문명과 불만》에서는 인류의 종교는 '대중 망상'으로 분류해야 한다면서, "망상을 공유하는 어느 누구도 그것이 망상이라는 사실을 깨닫지 못한다."라고 강조하였다.

또한 '종교적 진리'는 실제로 발견된 것이 아니라, '상상적으로 조작'된 것임을 천명하였다.

⊙ 신에 대한 믿음은 눈에 보이지 않는 끈과도 같다. 신을 믿기 시작하면 개인의 모든 생각과 행동은 신이란 이름의 가상이 이끄는 방향으로만 내달려 가게 된다.

⊙ 신을 믿는 자들 중에도 간혹 올바른 지각을 지닌 자들은 그 의식 속에 '신은 존재하는가?'라는 의문을 품고 있다. 하지만 막상 속 시원히 해결하지 못하고서 오늘날까지 반복되고 있다.

⊙ 신을 믿는 자들에게 과학은 항상 건널 수 없는 크고 넓은 은하수 같다.

⊙ 17세기에서는 천문학, 18세기에는 뉴턴의 물리학, 그리고 19세기에는 다윈의 '진화론'이 대두되면서 지구

나 인간은 물론, 우주 만물은 신의 창조물이 아니라, 자연의 일부라는 개념이 자리 잡게 되었다.

그리고 20세기에 들어서는 정신분석학으로 인간의 심리를 고찰한 '지그문트 프로이트'가 대표적인 무신론자의 입장을 대변하여 왔다.

이루다 어록

내가 대학 시절부터 생각하고 써 온 문구를 열거하면 다음과 같다(일명 이루다 어록).

◉ 신(神)이란 '플라세보(Placebo, 가짜 약)' 같고, 신(神)을 믿는 종교는 유통 기한이 지난 식품 같다.
◉ 신(神)이 사람을 만든 것이 아니라, 사람이 신(神)을 지어낸 것이다.
◉ 우리는 지어낸 신(神)에 예속된 창조물도 아니고, 그 신(神)의 아들이라고 사칭한 자를 섬기는 종도 아니다.
◉ 신의 아들이라고 사칭한 예수는 인류 역사상 희대(稀代)의 사기꾼이다.

우주 어디에도 신은 없다

◉ 신 없는 우주에 신의 아들은 있을 수 없고, 인류를 구제한 적이 없는데 구세주란 가당치 않다.

◉ 죽은 자는 다시 살아날 수 없다.

◉ 예수는 부활하지 않았다.

◉ 산 자는 죽은 자에게 의지하고 간구(干求, 바라고 구함)하는 것이 아니라, 죽은 자를 추모하거나 특별한 업적이 있다면 그 업적을 기릴 뿐이다.

◉ "과거에 집착된 언설과 망상에 현혹되지 말자! 나를 믿고 따르라!"라고 하였지만, 그를 의심하고 눈을 떠야 새 길이 보일 것이다.

◉ 신에 묶이고 그 종교에 갇히면 헤어나기 어렵다.

◉ 교당의 지붕 위에 세운 십자가 꼭대기에 피뢰침을 세워야 벼락을 막을 수 있다.

⊙ 신도 부활도 천국도 지옥도 없다.

⊙ 지구가 어느 한순간 혜성을 비롯한 또 다른 천체와
의 대충돌로 산산조각이 난다거나 블랙홀(Black Hole)
로 빨려 들어간다면 존재함이 없어지게 되므로 생멸
(生滅, 생김과 없어짐)이 없게 된다.
그러므로 이른바 신과 마귀, 천국과 지옥이란 구실이
고, 업보와 윤회는 방편이었음을 숙고하고 깨달아야
한다.

이른바, 신에 묶인 낡은 종교 틀에 갇혀 있으면, 인류
는 더 큰 세계로, 더 큰 우주로 나아갈 수 없게 된다.

⊙ 우리의 생애(生涯, 이 세상에서 살아 있는 동안)는 단 한 번의
삶이고 단 한 번의 기회이다.

⊙ 우리는 오로지 활로를 찾고, 성취와 완성, 그리고 완
생(完生)을 이루고자 창의, 창조하고 진보, 진화하는
자들이다.

⊙ 삶이란 참길을 찾는 것이고, 참길을 찾는 것은 참되
고 올바르게 깨닫기 위함이며 올바른 깨달음은 성취

와 완성, 그리고 완생을 이루고자 함이다.

⊙ 참되고 올바른 깨달음은, 참되고 올바른 진리를 통해
서만 이루어진다.

지금 살고 있는 삶이 가장 소중한 삶이다.

⊙ 태어남은 살기 위함이며 살고자 하면 적응해야 하고
적응하려면 변화해야 한다.

⊙ 세상에서 가장 소중한 것은 생명이다. 생명은 마땅히
보호되고 지켜져야 한다.

⊙ 모든 생명은 우승열패, 적자생존이란 치열한 경쟁에
서 살아 이어져 왔으며 또 그렇게 살았고 살아간다.

⊙ 인류사는 살아남기 위한 생존 경쟁의 역사이고 투쟁
의 역사이다.

⊙ 생명을 지키고 유지하려면 살아남아야 한다. 살아남
으려면 이겨야 한다.

<u>승리는 감동이며, 부활이다.</u>

◉ 예수가 아담의 자손인 이상 예수는 사람일 뿐이다.

◉ 미래는 정해진 것이 아니라, 만들어지는 것이다.

　오늘날 할 일은 많고 시간은 짧아 아쉬운 현대인들은 책 페이지가 너무 많은 책은 지루함을 느껴 읽다가 중도에 책장을 덮어 둘 수도 있는 폐단이 있을 수 있다.

　따라서 요점만 간편, 간결한 것을 선호하는 경향이 있다. 박식하고 유능한 작가나 사상가, 철학자들은 되도록 적은 지면에 내용을 함축하고 다듬어서 간결하게 담아낸다.

　이 책은 당초 미국 출판을 하기로 했었으나 한국에서 먼저 출판하라는 요청이 있어서 순서를 바꾸기로 한 것이다.

　백운 야학과 더불어 노닐면서 안빈낙도, 유유자적 시상에 잠기고 자연으로 돌아가고 싶은 심정이지만, 주위의 간곡한 권유와 아직은 심중에 다 삭이지 못한 뜨거

운 열정과 솟구치는 생기의 발로는 나로 하여금 접어
둔 원고를 찾아내게 하여 재정리하도록 하였다.

※ 옆집에서 일어난 화재로 저자가 보관 중이던 소중한 원고가 모
   두 소실되었지만, 저자는 포기하지 않고 틈틈이 다시 집필을
   하였다.

제2장

우리가 잘
모르고 있는 것들

테레사 수녀
'신(神)의 부재로 번민' 고백

– 세계 여러 언론의 보도 –

"오! 아버지시여! 저를 버리시나이까!"

예수가 비통한 심정으로 당시 로마제국의 형구였던 십자가에 못 박혀서 최후를 맞이했을 때 하늘을 우러러 한 말이다.

※ 형구(刑具: 죄인의 처형이나 고문 등에 쓰이는 도구)

"오! 신이시여! 어디 계시나요!"

마더 테레사 수녀가 신의 존재를 의심하고 번민하면서 한 말이다.

평생을 빈곤한 자와 병자들을 돌보며 살아왔던 성녀 마더 테레사 수녀(1910~1997)가 2007년 9월 5일로 10주기를 맞이했을 때, 각국의 언론 보도가 세계인들에게 큰 충격을 주었다.

신(神)에 대한 그의 신앙관이 번민으로 가득 차 있었다는 언론 보도로 그의 솔직한 고백이 큰 파문을 일으켰으며 이로 인하여 그의 명예가 얼룩진 상태라고 하였다.

그의 신앙 세계를 가늠하는 편지 형태로 된 '심경 고백록'이 공개되면서 언론들은 그가 생전에 신의 존재에 대한 의심과 고민으로 가득했다고 보도를 해서 큰 충격을 주었다.

테레사 수녀가 생전에 자기 심경을 신부 등과 나누었던 서한(편지) 40통을 모아 출간된 《마더 테레사 ― 와서 내 빛이 돼라》에 담긴 내용 가운데 언론의 주목을 끈 그의 고백은 이렇다.

"주께서 제 안에 계시다고 들었습니다. 하지만 어둠, 냉담, 공허의 현실이 너무도 커서 제 영혼에는 아무것도 느껴지지가 않습니다."

이 내용을 2007년 9월 5일 출간에 앞서 사전에 입수한 국내외 언론들은 테레사 수녀가 '신의 부재'로 번민했으며, 이렇게 드러난 그의 신앙관 때문에 성녀 반열에 올리는 시성(諡聖) 절차에도 적지 않은 파문이 있을 것이라고까지 하였다.

이 같은 보도는 가톨릭계의 모든 성직자, 신부, 수녀와 신자들에게, '과연 테레사 수녀마저 굳건한 신앙 대신 이처럼 신(神)의 존재에 대한 번민으로 일생을 살아온 것이었을까?' 하는 충격에 빠지게 하였던 것이다.

　평생을 가난한 자와 병든 자들을 돌보며 살아온 공로로 성녀 칭호가 부여되어 추앙을 받아 왔던 마더 테레사 수녀마저 신의 존재를 의심하고 번민하였음을 솔직히 고백함으로써, 수십억 명의 신(神) 숭배자는 물론, 각국의 일반인들도 그동안 수없이 느꼈을, 신(神)의 존재에 대한 의심과 번민을, 수많은 세계 각국의 수녀와 성직자가 다시 상기하고 공감하였을 것이다.

신(神)이란 플라세보(Placebo, 가짜 약)와 같은 것이다

신(神)이란 약효 없는 가짜 약(Placebo) 같고, 신을 믿는 종교는 유통 기한이 지난 식품 같다.

신에 현혹됨은 망상이고, 신을 빙자함은 기만이다.
신이 사람을 만든 것이 아니라, 사람이 신을 지어냈다.

이른바 성서를 신의 존재를 입증하는 증거로 삼고 있지만, 깨친 자들은 신의 존재를 의심하고 부정하게 된다.

대대로 내려오는 일신교 집안의 자녀들은 무조건 일신교 신앙을 부모의 강요로 믿어야만 했고, 아직 일신교리나 교의 등을 정확히 알지도 못한 상태에서 세뇌된 부모들이 어린 자녀들을 또 세뇌시키고 세례 등의 굴레를 씌워서 일생 동안 벗어날 수 없도록 하고 있지만, 뒤늦게나마 깨우치면 지어낸 신의 존재를 의심하고 부정하게 될 것이다.

아직도 지어낸 신(神)을 인식하지 못하고 있는 자들은 이 책을 읽고 깨우치기를 간절히 바란다.

천재 물리학자 스티븐 호킹의 '천국' '내세' '창조주'에 대한 견해

천국은 죽음이 두려워 지어낸 이야기
– 창조주 부재 재선언 –

우주는 과학 원리가 지배, 현세에서 올바른 삶 강조

 루게릭병을 앓고 있는 영국의 천재 물리학자인 '스티븐 호킹'이 2011년 5월 15일 일간지 《가디언》과의 인터뷰에서 과학적 우주관과 불꽃같은 삶의 의욕을 내보였다.

 그는 우선 '천국과 내세에 대한 믿음은 죽음을 두려워해서 지어낸 이야기'라고 못 박았다.

 "뇌는 부품이 고장 나면 작동이 멈추는 컴퓨터와 같은 것이며, 고장 난 컴퓨터에 천국이나 내세는 없다."라는 것이다.

 또한 "우주는 과학적 원리에 의해 지배된다. 과학은 우주가 무(無)에서 저절로 창조되었다는 걸 말해 준다."

라며, "다윈의 자연 선택설에 더 높은 가치를 부여한다." 라고도 했다.

이러한 발언은 2010년도에 발간된 저서 《위대한 설계 (The Grand Design)》에서 "우주를 설명하기 위해 창조주가 필요한 건 아니다."라고 말했던 수준을 넘어서는 것이라고 《가디언》은 해석했다.

호킹은 세계적인 베스트셀러 《시간의 역사(1988년)》에서는 우주 전체의 물리력과 입자를 일련의 방정식으로 설명할 수 있는 '만물 이론(통일장 이론)'이 나온다면 인간 이성의 궁극적 승리로, 신의 마음을 알게 될 것이라고 했었다.

그러나 2010년도 저서에 이은 2011년 5월 15일 인터뷰에서 그는 '우리가 사는 우주는 우연히 존재하는 것'이라며 '창조주 부재 증명'을 거듭 확인한 것이다.

또한 "과학은 현상이나 상이한 관찰들의 연관성을 간명하게 설명해 낼 때 아름답다."라며 유전자 DNA의 이중 나선 구조와 물리학의 기본 방정식들을 예로 들기도 했다.

그러나 호킹의 무신론은 염세주의나 허무주의와는 거리가 멀었다. 오히려 그는 역설적으로 "(내세가 없으므로) 현세에서 우리의 삶을 올바르게 활용해서 잠재력을 실현할 필요가 있다."라며 적극적이고 긍정적인 삶의 태도를 강조했다.

"우주 설계 청사진을 설명하는 데 신(神)을 불러올 필요가 없고, 우리의 존재가 운에 맡겨지는 것이라면, 우리는 뭘 해야 하나?"라는 질문에, 호킹은 "우리 행위의 가장 높은 가치를 추구해야 한다."라고 말하였다.

※ 천재 물리학자 '스티븐 호킹'은 갈릴레이, 뉴턴, 아인슈타인을 잇는 세계 물리학의 거장으로 일컬어지고 있다. 1942년 2월 8일 영국 옥스퍼드에서 태어났으며, 케임브리지 대학원에서 박사 과정을 밟던 그는 몸속의 운동 신경이 차례로 파괴돼 전신이 뒤틀리는 루게릭병에 걸려 1~2년 안에 죽는다는 시한부 인생을 선고받기도 했었다.

그러나 그는 이때부터 우주 물리학에 몰두하여 특이점 정리, 블랙홀 증발, 양자 우주론 등 현대 물리학의 혁명적인 3개 이론을 제시했고 대중을 상대로 쉽게 풀어 쓴 우주의 역사 등의 저술을 계속하였다.

아인슈타인의 이른바 신(神)과 바이블에 대한 견해

바이블(Bible)은 '유치하고 원시적인 전설들의 집대성'이다.

2008년 5월 17일 자 《뉴욕 타임스(NYT)》 등의 보도에 의하면, 상대성 이론 등으로 천재 물리학자로 알려진 '알베르트 아인슈타인(1879~1955)'의 무신론적 소신을 보여 주는 편지 한 통이 영국 경매 시장에서 40만 3천 달러(당시 한화 약 4억 2천만 원)에 낙찰되었다고 하였다.

이 편지의 경매를 주관한 영국 '블룸즈버리'에 따르면 당초 예상 낙찰가의 25배나 되는 가격이다. 또 지금까지 경매되었던 아인슈타인의 물품 중 단일품으로는 최고가였다.

아인슈타인은 1954년 철학자 '에릭 굿 카인드'에게 보낸 이 편지에서 "내게 신(神)이라는 단어는 인간의 약점을 드러내는 표현과 산물에 불과하다."라고 썼다.

또한 바이블(Bible)에 대해서도 고결하다고 하였지만,

'상당히 유치하고 원시적인 전설들의 집대성'이라고 언급했다.

아인슈타인은 유대인이지만 유대교에 대해서도 "다른 종교와 마찬가지로 가장 유치한 미신들이 현실화된 것에 불과하다."라고 혹평했다.

이어서 "유대인들을 매우 좋아하지만, 그들은 다른 인류와 비교해 더 낮지 않으며, 선택을 받은 민족도 아니다."라며 유대교의 선민주의 의식을 부정하고 공격했다.

이번의 편지 구매자에 대해서 '블룸즈버리'는 "이론 물리학과 관련된 모든 내용에 대해 열정이 있다는 익명의 인물이 아인슈타인의 편지를 낙찰받았다."라고만 밝혔다.

아인슈타인은 생전에 "종교 없는 과학은 절름발이며, 과학 없는 종교는 장님이다."라는 말을 남긴 바 있다.
그래서 지금까지 일부 지적 설계론(자연의 진화가 신의 계획에 따라 진행됐다는 주장) 주창자들은 아인슈타인도 지적 설계론을 옹호한다고 강변해 왔었다.
하지만 이번 편지는 아인슈타인이 철저한 '무신론자'임을 드러내 주고 있다고 《뉴욕 타임스(NYT)》는 전했다.

또한 《뉴욕 타임스(NYT)》는 "무덤에서 나온 아인슈타인이 새삼 과학과 종교 사이의 문화 전쟁에 기름을 뿌렸다."라고 평가했다.

영국 옥스퍼드 대학 교수이며, 《만들어진 신(神)》 등 다수의 명저를 통해서 종교의 비합리성과 그 해악을 역설하고 신이 존재하지 않음을 과학적 논증을 통해 증명하면서, 그동안 종교의 잘못된 논리가 세계사에 남긴 수많은 폐단을 지적한 '리처드 도킨스'도 이 경매에 참가했었다.

1966년 아인슈타인이 첫째 아내 '밀레바 마리치'에게 보낸 53통의 연애편지 전체는 44만 2천5백 달러에 뉴욕 크리스티 경매에서 낙찰된 바 있다. 같은 경매에서 아인슈타인이 '일반 상대성 이론'을 입증하는 전체 계산 과정을 연습한 문서가 39만 8천5백 달러에 판매되기도 했다.

"나는 인간의 영생을 믿지 않는다. 그리고 윤리는 전적으로 인간들의 관심사일 뿐이며, 그 배후에 초인적인 권능 같은 것은 없다고 생각한다."
  – 알베르트 아인슈타인, 《알베르트 아인슈타인: 인간적인 면모》 중에서 –

※ 20세기 천재 물리학자 알베르트 아인슈타인이 1955년 4월 18일, 76세를 일기로 숨졌다. 독일 울름의 유태인 가문에서 태어난 그는 스위스 취리히 이공대를 나와 스위스 특허국에서 근무하던 1905년 '특수 상대성 이론'을 발표해 당시까지 지배적이던 과학론인 뉴턴 역학을 뒤흔들고 종래의 시공간 개념을 근본적으로 변혁시켰다. 특히 질량과 에너지의 등가성 발견은 원자 폭탄 제조를 예고했는데 제2차 세계 대전 후 미·소의 원폭 경쟁이 가속화되자 아인슈타인은 인류 멸망의 위기를 경고하고 개발 중단을 호소하기도 했다.

버트런드 러셀의 이른바 신(神)과 바이블에 대한 견해

버트런드 러셀은 말하였다.

도대체 신(神)은 누가 만들었는가?

도무지 이 세계가 원인자가 없이는 생겨날 수 없다고 생각해야 할 아무런 이유가 없다. 그렇다고 또 원인자가 항상 존재하지 않아야 한다고 생각해야 할 아무런 이유도 없다.

문제는 이 세계가 최초의 시작을 가지고 있다고 생각해야 할 아무런 필연적 이유가 없다는 데 있다.

어떠한 존재가 반드시 최초의 시작을 가져야만 한다고 상정하는 우리의 모든 관념은 실제로 우리의 상상력의 빈곤에서 유래된 것이다.

버트런드 러셀(Bertrand Russell. 1872~1970)은 영국의 철학자, 수학자, 평론가였으며, 40여 권의 저서를 남겼다.

특히 자신은 '무신론자'이며, 과학 주창자임을 그 시대 사회 여건에서도 당당히 주장했던 그는 종교 에세이

《나는 왜 기독교인이 아닌가?》의 저자로도 유명하다.

그는 영국 케임브리지 대학교에서 배우고 모교의 강사가 되었으나, 평화주의자로서 제1차 세계대전에 반대했기 때문에 면직되었다.

이후 중국 베이징 대학, 미국 캘리포니아 대학, 뉴욕 시립 대학 등의 교수를 역임했고, 1950년 노벨 문학상을 받았다.

그가 노벨 문학상을 받는 데 영향을 끼친 종교와 과학 저서 역시 12의 종교론의 연장선에 있는 책으로, 논리적이고 체계적인 사고를 확인할 수 있다.

그 내용을 잠깐 살펴본다.

"왜 종교와 과학은 싸울 수밖에 없는가?"

종교와 과학의 갈등은 학문과 학문의 이론 차이가 아니다. 사회적이고 정치적인 논쟁이다.

중세 시대부터 과학은 교리에 반하는 새로운 가설을 제시했고, 종교는 권위를 앞세워 과학을 탄압했다.

불후의 고전인 《종의 기원》은 창세기의 창조적인 행위 때문에 박해를 받았으며, 여성은 신학적이고 윤리적인 관례 때문에 마취제를 사용하지 못한 채 출산을 해야 했고, 흑사병이 창궐했을 때는 신(神)의 노여움을 푼다는 이유로 유대인을 학살했다.

이제는 정부와 대기업이 종교의 권위를 이어받아 새로운 억압을 창출하며 지적 자유를 억압한다.

형태를 달리할 뿐 종교와 과학의 권력 투쟁은 계속되고 있으며, 그 속에서 인간은 끊임없이 소외되고 있는 것이다.

인류의 행복을 위해 종교와 과학은 무엇을 해야 하는가?

코페르니쿠스, 갈릴레오, 지질학, 해부학, 그리고 기독교를 둘러싼 논쟁들, 400년 전부터 이어진 사회적이고 정치적인 권력 투쟁 등등……

내가 기억하는 한, 바이블(Bible) 속에는 지성을 찬미하는 단어가 하나도 없다.

기독교 지도자들은 흔히 바이블(Bible)보다 더 많이 판매되는 베스트셀러는 없다고 말한다.

하지만 버트런드 러셀은 이렇게 말하였다. "어떤 의견

이 광범위하게 퍼져 있다고 해서, 곧 그 의견이 전적으로 엉터리가 아님을 증명하는 것은 아니다."

실제로 인류 대다수가 지닌 어리석음이라는 관점에서 보면, 광범위하게 퍼져 있는 믿음은 현명한 것이라기보다 오히려 멍청한 것일 수 있다.
※ 멍청하다: 사물을 제대로 판단하는 능력이 없어 흐리멍덩하다

"지적으로 저명한 인물 중 대다수는 기독교를 불신하고 있지만, 그들은 대중에게 그 사실을 숨기고 있다. 혹시라도 수입원을 잃지 않을까 두렵기 때문이기도 하다."

– 버트런드 러셀 –

버트런드 러셀은 98세에 세상을 떠났지만, 그는 죽기 전날까지도 세계 평화에 관한 글을 쓰고 있었다.

사마천(司馬遷)의 장탄식

《사기(史記)》의 원작자인 사마천(司馬遷)은 하늘을 우러러 외치고 또 장탄식(長歎息)을 하였다.

하늘[천신(天神, 하늘의 신, 하늘의 신령), 천의(天意, 하늘의 뜻), 천도(天道, 하늘의 도나 도리)]은 과연 있는 것인가? 없는 것인가?

가장 공명정대(公明正大)하고 공평무사(公平無私)한 것으로 여겨지는 하늘은 과연 바른 자의 편인가? 아닌가?
세상의 불공정을 한탄하고 하늘의 정당성을 의심하면서 항의하는 심정으로 외치고 장탄식을 하였다.

예로부터 흔히 쓰이는 문구로 '천도무친 상여선인[天道無親 常與善人, 하늘은 (정실이나 부당함이 없어서) 언제나 착한 사람 편을 든다]'이라고 하였지만, 과연 이 말이 맞는 것인가? 이 글대로라면 착한 사람은 언제나 번영해야 할 것이다.

하지만 착하고 어질고 올바르고 정직하고 순진하고 정의로운 사람들이 핍박받고 손해 보고 가난과 우환질고로 시달려 왔다.

　오히려 인정사정없이 온갖 수단과 방법을 총동원하여 구사하는 부정부패한 정상배나 몰염치하고 파렴치하고 부도덕한 무리가 치부하고 득세하고 거들먹거리며 살아왔다.

　《사기(史記)》에 수록되어 있는 여러 내용 중에 〈열전〉 첫머리에 백이, 숙제가 등장한다.
　아마도 사마천은 백이와 숙제를 절의지사(節義之士)의 표본으로 여긴 것 같다.
　그러나 백이와 숙제는 수양산에서 고사리를 주식으로 하여 겨우 연명하다가 끝내는 이 고사리마저 먹지 않고서 마침내 굶어 죽고 말았다.

　또한 공자의 제자 중에 안연이란 모범생이 있었다. 안연은 누구보다도 어질고 착하고 품행이 바른 자로서 스승인 공자의 가르침에 충실했고 학문이 우수하여 공자도 칭찬은 물론 기대하는 바가 컸다.
　하지만 극빈하여 영양실조로 길거리에서 쓰러져 그만 생을 마쳤다고 한다.

이에 반하여 같은 시대에 도척(盜跖)이라는 자가 있었는데, 그는 비할 바가 없는 극악무도한 만행을 저지르는 자로서 선량한 사람들을 무참하게 죽이고 재물을 빼앗는 것은 보통이고, 죄 없는 사람의 간(肝)을 빼내어 회를 쳐서 먹는 등 악행을 일삼으면서 제멋대로 세상을 누비고 다녔는데도 제 목숨이 다할 때까지 살았고 안락하게 죽을 수가 있었다는 것이다.

"이래도 하늘은 항상 공평하고 착한 사람 편이라고 할 수 있겠는가?" 하면서 사마천은 하늘이 착한 사람의 편이라는 말을 반박하였다.

"과연 하늘은 시(是, 옳음)인가? 비(非, 그릇됨)인가?" 하면서 하늘을 우러러 울부짖고 땅이 꺼질 듯한 장탄식을 함은, 오늘에도 여전히 뭇사람의 억울하고 처절한 한탄으로 그대로 이어지고 있다.

사마천(BC 145?~BC 86?)은 친구인 이릉 장군에게 뒤집어씌워진 혐의를 적극적으로 변호하다가 한무제의 노여움을 사서 궁형(宮刑, 옛날 중국에서의 형벌의 하나로 남자의 생식 기능을 없애 버리는, 즉 거세를 하는 것)을 받아 한 서린 불구자가 되어 끓어오르는 분노와 뭇사람의 모멸 찬 시선 속에서도 끝내 굽히지 않고 집필에 몰두하여 그 유명한 춘추 전국 시대를 포함하여 전한의 무제 때에 이르기까지 2천 년 동안의 흥망성쇠에서 두드러지게 산 인간들의 모습을 적나라하게 부각시키는 등 전무후무한 역작을 남겨 지금까지도 특히 동양 삼국(한·중·일)의 식자들에게 깊은 감동과 감화를 주어 왔다.

따라서 후세, 후대들이 많은 사실을 알게 되었으며, 중국 최초의 서기 1세기 당시로서는 실로 참신하고 진보적인 계획으로 만들어진 《사기(史記)》는 동양의 값진 유산으로 남아 있다.

사마천이 궁형을 받고 비참한 처지에서도 불굴의 의지로 《사기(史記)》를 저술하였음은, 인간적 불운과 비통함을 다 삭이지 못하고 하늘을 원망하면서도 한편으로는 천신(天神), 천의(天意), 천도(天道)가 없음을 스스로 깊게 깨달았기 때문이기도 하다.

또한 《사기(史記)》는 흥망성쇠(興亡盛衰, 흥하고 망하고 성하고 쇠하는 일)와 더불어 모든 것은 변화한다는 사실을 일깨워 주고 있다.

사마천은 참담한 고초와 비통한 극한적 죽음의 역경을 극복하고 다시 일어나 비장한 각오로 심혈을 기울여 세기적 역작 《사기(史記)》 130권을 완성하였다.

옛날 주나라 문왕은 은나라 주왕에게 괴롭힘을 당하는 기간에 《역경》의 원본을 썼다.

공자는 진나라와 채나라의 중간에서 (사람들의 오해를 받아서) 포위되어 생명의 위기에 처하고 난 후에 《춘추》를 썼다.

초나라의 굴원은 수도에서 추방되어 〈이소〉를 썼다.

좌구명은 시력을 잃은 후에 《국어》를 썼다.

손빈은 월형(刖刑, 지난날, 범죄인의 발꿈치를 베던 형벌)을 받고 난 후, 《손빈병법》을 썼다.

여불위는 촉나라로 좌천된 뒤 《여람》을 썼다.

한비자는 진나라에 붙잡혀 가서 〈설난〉, 〈고분〉을 썼다.

《시경》에 있는 삼백여 개의 시가도 대개는 현인, 성자들이 고통받고 분노하고 비통할 때 쓴 것이다.

따라서 사람들은 역경을 만나서 억압되어, 울분과 비애를 발산할 수가 없을 때 스스로 시와 노래를 읊고 불렀으며, 또 논설과 문장을 쓰고, 새로운 창작을 하면서 스스로를 다독이고 살았다.

나, 이루다(본명: 이상수)는 척추에 관한 병(① 제5요추~제1천추 간 척추 전방 전위증 ② 좌측 신경공 협착증 ③ 제3~4요추관 협착증)

으로 3번의 수술 후 요양 중에 3권의 책을 집필하였다.

이들이 피와 땀과 눈물(血, 汗, 漏)로 써 온 글들은 후세 사람들의 심금을 울리고, 불후의 명작품으로 길이 이어져 왔고 또 이어질 것이다.

역대 명사(歷代 名士)들의 이른바 신(神)과 종교 등에 대한 견해

"신(神)은 객관적 존재가 아니라, 심리적 필요에 따라 인간이 만들어 낸 환상에 지나지 않으며, 종교란 어떤 객관적 진리를 보여 주는 것이 아니라, 심리적 만족을 위해 인류가 꾸며 낸 환상적 이야기에 불과하다."

– 지그문트 프로이트, 심리학자, 정신분석학의 거장 –

"누군가 망상에 시달리면 정신 이상이라고 한다. 다수가 망상에 시달리면 종교라고 한다."

– 로버트 퍼시스 –

"종교는 아편과 같다."

– 마르크스, 구소련의 사상가 –

"역사에 기록된 가장 가증스럽고, 잔혹한 범죄들은 종교나 그와 동등하게 고상한 동기들의 비호 아래 저질러진 것이다."

– 마하트마 간디, 인도의 독립운동가 –

"신은 불가사의를 설명하기 위해 만들어진다. 사람들은 이해되지 않는 것들을 설명하기 위해 신을 만들었다. 하지만 마침내 세상이 움직이는 원리를 알게 된다면, 신으로부터 벗어나는 방법을 터득하게 될 것이며, 더 이상 신은 필요 없다."

– 리처드 파인먼, 노벨 물리학상 수상자 –

"나는 지금까지 인류가 겪은 것 중 가장 끔찍한 재앙은 일신교라고 생각한다. 유대교와 기독교 혹은 이슬람교에서는 인간에게 도움이 되는 미덕을 전혀 찾아볼 수 없다."

– 고어 비달, 《집에서(At Home)》 중에서 –

"진화론 그 자체는 더 이상 현대적 사상을 지닌 저자들을 위한 이론이 아니다. 그것은 이제 지구가 태양 주위를 도는 것만큼이나 명백한 사실이다."

– 에른스트 마이어, 하버드대학교 과학 교육자 –

"만약 신에게 이야기를 건넨다면 당신은 기도하고 있는 것이고, 신이 당신에게 이야기를 한다면 당신은 정신분열증을 겪고 있는 것이다."

– 토머스 사스, 의학 박사, 정신과 의사 –

"종교는 그저 당신이 믿는 어떤 원리일 뿐이다. 인간은 신이 만들어 낸 것보다 훨씬 더 많은 기적을 이루어 냈다."

– 로드 스타이거 –

"나는 천국과 지옥, 각 개인들의 내세나 인격신이라는 종교 이론을 뒷받침하는 과학적 증거를 조금도 본 적이 없다."

– 토머스 에디슨, 발명왕 –

"단순한 상식에 근거하여 나는 신을 믿지 않으며, 아무것도 믿지 않는다."

– 찰리 채플린, 배우, 코미디언 –

"개인적인 생활이나 글들을 통해 내가 철저한 불신앙자임을 단 한 번도 숨겨 본 적이 없다."

– 지그문트 프로이트, 심리학자, 정신분석학의 거장 –

"올바르게 읽는다면, 바이블은 무신론자의 가장 강력한 근거가 된다."

– 아이작 아시모프, 과학자, 집필가 –

"신과 창조자가 존재한다는 과학적 증거가 전혀 없는 한, 나는 신을 믿을 수 없다."

- 조디 포스터, 배우, 감독 -

"바이블은 매우 흥미진진한 것입니다. 고상한 시구들과 재기 넘치는 우화들도 있습니다. 피 묻은 역사, 그리고 훌륭한 교훈들도 있습니다. 그리고 역겨운 내용도 풍부하며, 천 가지 이상의 거짓말도 있습니다."

- 마크 트웨인, 《지구로부터의 편지》 중에서

"나는 예수의 신성을 믿지 않습니다. 그리고 정통 교리의 가정 중에는 동의할 수 없는 것들이 아주 많습니다."

- 윌리엄 하워드 태프트, 예일대학교에서 보낸 편지 중에서 -

"최근에 나는 세계적으로 잘 알려져 있는 미신들을 살펴보았지만, 우리의 특별한 미신인 기독교가 다른 것에 비해서 더 낫다는 점은 발견하지 못했습니다. 미신들은 한결같이 우화와 신화에 근거를 두고 있습니다."

- 토머스 제퍼슨, 미국 제3대 대통령, 정치가, 교육자, 철학자 -

"과학의 영역에서 신(神)이나 불멸, 무한 등과 같은 초자연적 존재나 형이상학적 개념의 증거를 찾으려는 모든 시도는 실패했으므로, 만약 우리가 정직하다면 과학 내에서는 신도 없고 불멸도 없으며 육체와 분리된 영혼이나 정신도 없다고 인정해야만 합니다."

— 찰스 프로테우스 스타인메츠, 전기 공학자, 발명가 —

"자연과 우주 속에서 발견된 신의 존재 증거는 단 하나도 없다. 기독교라는 종교 체계는 상식에 대한 모독이다."

— 토머스 페인, 미국 독립 전쟁의 영웅 —

"자연과 우주 속에서 발견된 신의 존재 증거는 단 하나도 없다. 특별한 주장에는 특별한 증거가 필요하다."

— 칼 세이건, 퓰리처상을 수상한 천문학자 —

"오늘날 모든 사람이 진화론을 사실로 받아들이고 있지만, 소수의 근본주의자는 이론이 아닌 교조주의적 집착에 근거해서 반대하고 있다."

— 제임스 왓슨, 노벨 생리·의학상을 수상한 생물학자, DNA 구조의 공동 발견자 —

"과연 어떤 것일까? 신이 저지른 중대한 실수 중 한 가지가 인간일까? 아니면 인간이 저지른 중대한 실수 중 한 가지가 신일까?"

— 프리드리히 니체, 《우상의 황혼》 중에서 —

"예수의 생애에 관한 비판적인 연구 결과보다 더 부정적인 것은 없다. 메시아로서 공개적으로 나타나, 신의 왕국을 전하고, 하늘의 왕국을 땅 위에 세우고, 자신의 과업을 궁극적으로 신성화하기 위해 죽어 간 나사렛 예수는 존재하지도 않았던 것이다."

– 알베르트 슈바이처, 《역사적 예수에 대한 탐구》 중에서 –

"기적은 역사적 사실에 대해 주장할 권리도 전혀 없으며, 계시의 증거로서도 아무 의미가 없다."

– 존 스튜어트 밀, 영국의 철학자, 경제학자, 논리학자, 《선집》 중에서 –

"기독교는 참 어이없는 종교다."

– 고어 비달, 작가 –

"만약 계시 종교들이 뭔가 밝혀낸 것이 있다면, 그것은 일반적으로 자신들이 옳지 못하다는 점이다."

– 프랜시스 크릭, 노벨 생리·의학상을 수상한 영국 생리학자이며, DNA 구조의 공동 발견자 –

"나는 자신이 창조한 대상을 보상하고 벌주는 신은 상상할 수 없다. 그러한 신의 목적은 우리 자신의 목적을 본보기로 하여 만든 것이다. 간단히 말해 신은 인간의 나약함을 반영한 것일 뿐이다. 비록 나약한 영혼이 두려움이나 우스꽝스러운 이기주의 때문에 그런 생각을 품을 수는 있다고 할지라도, 사람이 죽은 후에 다시 살아난다는 건 믿을 수가 없다."

– 알베르트 아인슈타인, 《뉴욕 타임스(NYT)》 1955. 4. 19. –

"주일 학교는 부모의 사악한 의식을 자녀들이 대신 참회하는 감옥이다."

– H. L 멩켄, 편집자, 비평가 《멩켄 명문집》 중에서 –

"정치는 수많은 목숨을 앗아 갔지만, 종교는 그보다 열 배나 더 많은 목숨을 앗아 갔다."

– 숀 오케이시 –

"나는 인간의 영생을 믿지 않는다. 그리고 윤리는 전적으로 인간들의 관심사일 뿐이며, 그 배후에 초인적인 권능 같은 것은 없다고 생각한다."

– 알베르트 아인슈타인, 《알베르트 아인슈타인: 인간적인 면모》 중에서 –

"나는 기독교의 교리가 분명치 않다는 것을 알게 되었다. 그래서 어렸을 때 나 스스로 기독교 모임에 참석하지 않았다."

– 벤저민 프랭클린, 미국의 정치가, 과학자. 피뢰침 등을 발명했음 –

"신(神)을 아버지로 모시고 처녀의 자궁에서 태어났다는 예수의 출생이, 주피터의 뇌 속에서 태어났다는 미네르바의 출생 우화와 함께 분류될 날이 올 것이다."

– 토머스 제퍼슨, 미국 제3대 대통령, 정치가, 교육자, 철학자 –

"분별 있는 사람은 모두 무신론자다."

– 어니스트 헤밍웨이, 노벨 문학상 수상 작가 –

"내 인생에서 가장 다행스러운 점은 아버지가 신을 믿지 않았기 때문에, 영혼에 관한 고민이 전혀 없었다는 것이다. 나는 인간이 진화의 산물이며, 그 자체가 위대한 불가사의라는 것을 알고 있다."

– 제임스 왓슨, 노벨 생리·의학상을 수상한 생물학자 –

"나는 다른 사람들처럼 매주 교회에 가지 않는다. 기독교의 특정 요소들 때문에 나는 독실한 신자가 될 수 없다."

– 빌 게이츠, 세계적 갑부 –

"종교적 신념에 관해 여러분이 읽은 것은 당연히 거짓말이며, 그것은 고의적으로 반복되는 거짓말이다. 나는 인격신을 믿지 않는다. 그리고 나는 이러한 사실을 한 번도 부정하지 않고 명확하게 표명해 왔다. 만약 내 안에 종교적이라고 불릴 수 있는 것이 있다면, 그것은 우리의 과학이 밝혀낼 수 있는 세계의 구조에 대한 무한한 존경일 것이다."

– 알베르트 아인슈타인, 《알베르트 아인슈타인: 인간적인 면모》 중에서 –

"나는 지금껏 내세에 대한 티끌만 한 증거도 본 적이 없다."

– 마크 트웨인, 그의 전기 중에서 –

"역사는 혁명(Revolution)이 아니라, 진화(Evolution)를 통해 발전한다."

– 리쩌허우(李澤厚), 중국의 철학자 –

"우리가 지금 생각을 바꾸지 않는다면 결국에는 모든 것을 잃고 말 것이다."

– 알베르트 아인슈타인 –

"끊임없는 전쟁과 가난, 동성애자의 인권 침해, 아동학대 등 신의 이름으로 저질러진 악행은 역사적으로 헤아릴 수 없이 많다. 또한 오늘날에도 종교 근본주의자들은 신을 앞세워 무고한 사람들의 마음에서 희망을 빼앗고 있다."

- 리처드 도킨스, 《만들어진 신》의 저자, 생물학자, 영국 옥스퍼드 대학 석

좌 교수 -

리처드 도킨스의 《만들어진 신》 중에서

《프리 인콰이어리》 2004년 12월호에서 편집장 톰 플린은 사람들의 사랑을 받는 크리스마스 이야기의 모순들과 함정들을 다룬 기사들을 모아 실었다. 플린 자신도 예수의 탄생을 다룬 단 두 명의 복음서의 저자인 마태오와 누가의 말에서 모순되는 점들을 죽 나열한다.

로버트 질룰리(Robert Gillooly)는 동쪽의 별, 처녀 출산, 왕들의 아기 숭배, 기적, 처형, 부활과 승천 등 예수의 전설을 구성하는 내용들이 모두 지중해와 근동 지역에 이미 존재했던 다른 종교들로부터 빌려 온 것임을 보여 준다. 플린은 유대인 독자들을 위해 메시아 예언들(다윗의 자손, 베들레헴 출생)을 충족시키고자 한 마태오의 욕망이 기독교를 비유대인인 그리스도교도에 맞추고자 한, 그리하여 그리스의 종교에 나타나는 핵심적인 교리들(처녀 출산, 왕들의 숭배 등)을 받아들이려 한 누가의 욕망과 격렬하게 충돌했다고 주장한다. 그 결과, 모순들이 뚜렷해졌지만, 신자들은 한결같이 그것을 모르는 체하고 있다.

노회한 기독교인은 굳이 조지 거슈인(George Gershwin)

을 동원하지 않더라도 "당신이 성경에서 읽는 것들이 반드시 진실은 아니다."라는 점에 수긍한다. 하지만 세상에는 그것이 절대적으로 진실이라고 믿는 순진하고 소박한 기독교인들이 많다.

성서가 정확한 역사 기록이라며, 그것을 자신의 종교 신앙을 지탱해 주는 증거로 받아들이는 사람들 말이다. 그들은 자신들이 진실이라고 믿는 책을 한 번도 펼쳐 보지 않는단 말인가? 왜 그들은 뻔히 보이는 모순을 못 보는가?

마태오는 요셉이 다윗왕의 28대 후손이라고 말한 반면, 누가는 41대 후손이라고 말한 사실에 왜 직해주의자들은 고민하지 않는 것일까? 게다가 두 족보에는 겹치는 이름이 거의 없다! 아무튼 예수가 정말로 처녀에게서 태어났다면, 요셉의 족보는 그와 아무 상관이 없으므로 메시아가 다윗의 후손이어야 한다는 구약 성서의 예언을 예수에게 맞추기 위해 그 족보를 동원하는 것 자체가 무의미하다.

중략(中略)

나는 더 이상 성서를 신의 존재를 입증하는 증거로 간

주하지 않을 것이다. 제퍼슨이 선배인 존 애덤스에게 쓴 편지에는 선견지명이 달려 있었다.

"예수가 처녀의 자궁에서 그의 아버지인 신체에 의해 신비하게 잉태되었다는 이야기는 미네르바가 주피터의 뇌에서 나왔다는 우화와 같은 범주로 분류될 날이 올 것입니다."

만들어진 신(神)이란 말은 어폐가 있다는 생각이 든다. 누가 신을 만들어 낼 수 있단 말인가?
신(神)은 만들어진 것이라기보다 사람들이 신(神)을 지어냈다는 말이 맞는다고 하겠다.
신(神)이 사람을 만든 것이 아니라, 사람이 신(神)을 지어냈다.

김용옥 선생의 《논술과 철학 강의》 중에서

예수교 성서의 원본이 번역본입니다(예수 자신의 언어가 아닙니다).

여러분들이 알고 있는 성경은 하나님 말씀이 아닙니다.

중략(中略)

여러분들이 읽고 있는 기독교 성서의 원본(지구상의 최초의 기록)은 희랍 말을 할 줄 아는 사람들이 희랍어로 적은 것입니다.

중략(中略)

예수는 희랍어를 전혀 몰랐습니다. 예수는 천민 계급의 무식한 사람이었습니다. 그는 지금은 완전히 사어(죽은 말)가 되어 버린 아랍어라는 괴상한 토착 말을 하는 사람이었습니다. 그렇다면 성서의 원본도 예수의 말이 아닙니다.

예수님 말씀에 대한 최초의 기록도 단지 예수님의 말씀일 것이라고 떠도는 말들을 예수님이 죽은 지 4~50년경 후에, 그것도 아랍어에서 희랍어로 번역하여 적어 놓은 것입니다. 예수님이 전혀 몰랐던 희랍어로 말입니다.

그리고 여러분들이 손에 들고 있는 성서는 이러한 최초의 기록에서 수십 차의 개정(가감)과 번역을 거쳐서 이루어진 것입니다.

여러분들의 집에 있는 성서에도 보통 두 종류가 있습니다. 하나는 한글 개역판이고 하나는 공동 번역판일 것입니다. 그런데 이 두 판의 성경이 똑같은 장, 똑같은 절의 기술에 있어서, 문장의 표현이 다를 뿐만 아니라 그 의미가 전혀 다를 때도 있습니다. 어찌 된 것입니까?

도대체 어떤 게 맞습니까? 도대체 어느 쪽이 하나님 말씀입니까?

성경의 한 구절 한 구절이 모두 한 자 한 획도 어김없이 모두 절대적으로 하나님 말씀이라면 도대체 이게 어찌 된 일입니까? 둘 다 성경이기 때문에 하나님 말씀이라고 한다면 하나님 말씀이 두 개가 될 것이고 또 그렇다면 그와 다른 김용옥 선생의 말씀도 하나님 말씀이 아니라고 말씀하실 수 있는 근거는 어디에 있겠습니까?

성경에는 예수의 말은 없습니다. 하나님의 말도 없습

니다. 그러한 말을 주장하는 사람들의 여러 나라의 말과 번역이 있을 뿐입니다. 원본 자체가 번역본이니까요.

마르크스와 프로이트의 종교와 신(神)에 대한 견해

이른바 신(神)을 믿는 종교는 신이 천지 만물을 창조하였다고 믿으면서, 일정한 양식 아래 신을 굳게 믿고, 숭배하고, 받듦으로써 죽어서는 천당에 갈 수 있음은 물론, 살아서는 마음의 평안과 행복을 얻고자 하는 정신문화의 한 체계라고 그럴싸하게 강변을 하는 자도 있지만, 동서고금을 통하여 그 폐해를 비판한 사람들도 적지 않았다.

그 대표적인 사람이 종교를 심리학적 측면에서 비판한 칼 마르크스(Karl Heinrich Marx, 1818~1883)와 지그문트 프로이트(Sigmund Freud, 1856~1939)이다.

마르크스는 "종교는 아편이다."라고 규탄했다. 인간 고통의 심리적 해결책으로 고안해 낸 종교가 불행하게도 해결하기는커녕, 인간을 수동적이며 비현실적이고 도피적으로 만듦으로써 실제로는 인간에게 더 큰 고통과 불행을 안겨 주게 된다는 것이다.

아편이 일시적으로 고통을 잊게 해 주지만 결국은 더

욱 악화시키듯 종교도 아픔의 근원을 제거하지 못하고 병폐만 더욱 확장시킨다는 논리다.

프로이트는 마르크스보다 좀 더 비판적이다. "신은 객관적 존재가 아니라 심리적 필요에 따라 인간이 만들어 낸 환상에 지나지 않으며, 종교란 어떤 객관적 진리를 보여 주는 것이 아니라 심리적 만족을 위해 인류가 꾸며 낸 환상적 이야기에 불과하다."라고 하였다.

신에 대한 믿음은 눈에 보이지 않는 끈과도 같아, 신을 믿기 시작하면 개인의 모든 생각과 행동은 신이란 이름의 가상(假象)이 이끄는 방향으로만 내달려 가게 된다.

신을 믿는 자들 중에도 간혹 올바른 지각을 지닌 자들은 그 의식 속에 '신은 존재하는가?'라는 의문을 품고 있다. 하지만 막상 속 시원히 해결하지 못하고서 오늘날까지 반복되고 있다.

신을 믿는 자들에게 과학은 항상 건널 수 없는 크고 넓은 은하수 같다.

17세기에는 천문학, 18세기에는 뉴턴의 물리학, 그리고 19세기에는 다윈의 '진화론'이 대두되면서 지구나 인간은 물론, 우주 만물은 신의 창조물이 아니라 자연의 일부라는 개념이 자리 잡게 되었다.

그리고 20세기에 들어서는 정신분석학으로 인간의 심

리를 고찰한 지그문트 프로이트가 대표적인 무신론자의 입장을 대변하여 왔다.

프로이트는 "신은 존재하는가?"라는 명제에 특별히 열중했다.

그는 신의 존재가 '변화무쌍한 삶과 고난으로부터 부모의 보호를 원하는 유아적 소망 투사'에 지나지 않는다고 통찰하였다.

이후 '강박장애'를 겪는 환자들을 관찰하면서, "영적 세계관을 수용하는 사람들은 지성이 결핍되어 있고, 보편적 강박 신경증을 겪고 있다."라고 단정했다.

저서 《문명과 불만》에서는 인류의 종교는 '대중 망상'으로 분류해야 한다면서, "망상을 공유하는 어느 누구도 그것이 망상이라는 사실을 깨닫지 못한다."라고 강조하였다.

또한 '종교적 진리'는 실제로 발견된 것이 아니라, '상상적으로 조작'된 것임을 천명하였다.

하지만, 이 같은 정곡을 찌르는 정면 비판에도 불구하고 그들이 주장하는 종교적 행위의 의미가 아직도 자동적으로 부정되지 못하고 있음은, 초월적 혹은 초자연적인 힘에 대한 막연한 믿음과 그에 의한 이상적인 삶을 이룩하려는 인간적 소망과 더불어 천국과 기적이라는 궁극적 갈망이 환상의 불꽃으로 연이어 피어올라 너무나 간절하기 때문이기도 하다.

문제는 마르크스나 프로이트 등이 지적하는 이 같은 부정적 요소가 흔히 종교적 정통성을 상실했다고 하는 신흥 종교들에 의해 교세 확장의 수단으로 이용되고 있다는 점과 이 같은 신흥 종교들의 득세를 경계하면서 통박을 하고 있는 기존의 종단들이라 하겠다.

보통 사이비 종교 종단 또는 사교 집단이라고 간주되고, 지목되어진 신을 내세운 신흥 종교 집단이 종교의 이 같은 아편적, 망상적 요소와 기적과 천국이라는 환상적 요인을 최대한 이용하여 신도들을 끌어들이고 있다는 사실들이 비록 신흥 종교들만의 전유물은 아닐 것이다.

기존의 종단들 역시 이러한 아편적, 망상적, 환상적 요소를 이용하여 교세 확장의 수단과 방법으로 줄곧 써 온 사례는 동서고금을 걸쳐서 많았다.

사실 이들 종교 집단에 있어서 궁극적으로 사이비와 비사이비, 진짜와 가짜, 고등과 저등에 관한 명료한 가치 기준을 내세울 수 있는 척도는 없다.

그러므로 이들 종교가 어디까지가 비사이비이고, 어

디까지가 사이비 집단인가를 정확히 구분하여 가늠하기가 어려운 것이다.

더구나 이 같은 종교적 현상을 모두 선악으로 양분하기란 현실적으로 어려운 측면들이 있다고 하겠다.

하지만 분명한 것은 "내 안에 들어 있는 미신을 몰아내지 않으면 매사에 조종을 당하는 노예가 된다."라는 것임을 명심해야 한다.

망상이 신념화되어 깊이 빠져 있으면 구해 내기 어렵다.

망상에 사로잡히면 정신 이상이 오고, 다수가 망상에 사로잡히면 종교라는 틀 속에 갇히고 만다.

어떤 것이 진실이고 어떤 것이 거짓인지를 알아야 한다.

이른바 신에 의지하고 소원을 기원하며 기적을 바라는 것은 어리석은 망상이다.

※ 근래에는 이른바 신(神)을 믿는 자 등에게 적용되고 있는 용어 중에 '리플리 증후군'이란 말이 있다.

리플리 증후군이란, 허구를 진실로 믿는 것으로 거짓말을 잘

하고 허위 사실을 말하는 정신 장애자를 일컫는 말이다.
또한 성격 장애, 과대망상에 해당하는 말이기도 하다.

떳떳하지 못한 이른바 성서 속 인물들

구약 성서에 수록되어 있는 등장인물 중에 우상화되어 추앙을 받고 있는 대표적인 자가 '다윗'과 '솔로몬'이다.

1) 치졸하고 비열한 다윗

David(?~기원전 961), 고대 이스라엘의 제2대 왕, '다윗'의 이야기는 구약 성서 사무엘상, 열왕기상, 역대기상에 자세히 기록되어 있다.

흔히 '다윗'을 뛰어난 이스라엘의 왕으로만 부각하고 있지만, 알고 보면 참으로 비열하고 치졸한 인물이다.

'다윗'은 어린 시절 평범한 양치기였지만, 사울왕의 마음에 들어 옆에서 시중을 들게 되고 왕을 정신적으로 위로하게 되며 왕의 신임을 얻게 되었다.

특히 목동들의 도구에 불과한 '무릿매(잔돌을 끈에 매어 잡고 휘두르다가 끈을 놓아 던지는 팔매)'를 사용해서 숙적이었던 블라셋의 거인이자 명장인 '골리앗'을 격퇴함으로써 높은 명성을 얻게 되었다.

하지만 사울왕은 '다윗'을 잠재적 정적으로 여기고서 그를 제거하려 든다.

번번이 위기를 모면한 '다윗'은 사울왕이 죽은 후 이스라엘을 장악하고서 본격적인 왕국 건설을 하였다.

대부분 사람은 '다윗'의 장점만 부각해서 그를 높게만 평가하고 있다. 그러나 '다윗'의 행적에는 비열하고 치졸한 일도 많았다.

그는 약탈 등 나쁜 짓만을 하는 산적 무리의 두목으로 활동을 했으며, 때로는 이스라엘의 숙적인 블라셋에 귀화하여 그들의 편에 서기도 했다.

또한 그는 전장에서 불리해지자 측근 수하들만 데리고 탈주를 하다가 투항을 했고, 때때로 부하들을 거느리고서 수단 방법을 가리지 않고서 약탈과 노략질을 하기도 했다.

특히 '다윗'은 간계를 써서 충직한 부하를 위험한 전선에 내보내 전사하도록 하고서 평소 정을 통한 그 부하의 아내를 거리낌 없이 독차지한 파렴치한 자이기도 하다.

이에 관한 사건을 좀 더 자세히 설명하면 다음과 같다.

'다윗'이 자기 부하인 '우리야'의 아내인 '밧세바'를 차지하기 위하여 치졸하고 비열한 간계를 썼다.

'밧세바'를 유혹하여 계속 정을 통하다가 '밧세바'가 임신을 하게 되어 들통이 날 것이 두려워지자, '다윗'은 치졸하고 파렴치하게도 '우리야'에게 수차례에 걸쳐서 그의 아내인 '밧세바'가 있는 곳으로 가도록 권유를 하였다.

'다윗'의 간특한 술책을 알 리 없는 충직한 부하 '우리야'는 맡은 바 임무 수행에 전심전력을 다하느라 근무지를 이탈하지 않고 있으므로, '다윗'은 '우리야'를 없애 버리기로 작정하고서, 전투가 한창 치열하여 위험한 최전방으로 내보내 결국 '우리야'를 전사하게 만들고서 그의 아내 '밧세바'를 독차지하였던 것이다.

이토록 부도덕하고 파렴치하며, 비열하고 치졸한 자를 칭송만 한다는 것은 크게 잘못된 것이다.

앞에서도 '리처드 도킨스'가 지적한 바와 같이 처녀의 몸에서 태어났다는 '예수'를 다윗왕의 후손으로 부각하고자 '요셉'의 족보를 왕족으로 짜 맞추고 있음은 자기모순이고 난센스(Nonsense, 무의미한 일. 어리석은 일, 부질없거나 시시한 일)이다.

2. 형을 죽인 패륜아 솔로몬

Solomon(?~기원전 912?), 이스라엘 왕국 제3대 왕(기원전 971~932)

구약 성서 중 아가, 잠언 등이 그의 작품으로 전해지고 있으며, 한 아기를 놓고 두 여자가 서로 자기 자식이라고 싸우는 것을 지혜롭게 판결을 하였다고 해서, 현명한 재판관의 명판결을 지칭하는 것으로 인구에 회자되어 지혜의 상징으로 일컬어지고 있지만, '솔로몬'은 음모를 꾸며서 혈육이고 왕위 계승자이던 그의 형을 암살하고서 왕위를 차지한 패륜아였다.

'솔로몬'은 그의 부친인 '다윗'의 스캔들로 태어난 자이다. '솔로몬'은 애당초 왕위를 계승하기에는 부적격한 인물이었다. '다윗'의 적자인 '아도니아'가 있었기 때문에 당연히 왕위 계승은 '아도니아'에게 주어지게 되어 있었다.

더구나 '아도니아' 왕자 곁에는 장군 '요압'과 제사장 '아비아달' 등의 유력한 실력자들이 있었다. '솔로몬'은 형 '아도니아'가 있는 한 왕권 획득은 어려운 처지였다.

'솔로몬'은 음모를 꾸미고 기회를 노린 끝에 자객을 보내 형을 암살하고 형 주변의 실력자들을 모조리 제거하고 왕위를 차지하였다.

'솔로몬'은 왕위에 오른 후, 왕궁과 성전 건축 등 대역사(大役事)를 일으켰다. 성전 건설은 7년이 걸렸고, 왕궁 건설은 13년이 걸려 두 건축물의 공사 기간이 20년이나 걸렸으며, 예루살렘 성벽을 쌓고 별궁과 함께 도처에 요새를 만들었고 큰 배를 만들었으며, 대대적으로 군대를 확충했다. 이 모든 일은 대규모의 인력 동원을 필요로 했다.

성전을 짓는 데 동원된 인력이 단순 노동자 3만 명, 운송 노동자 7만 명, 채석장 노동자 8만 명, 그리고 작업을 관리하는 책임자만 3,300명이었다고 하니 사실상 '솔로몬'의 통치 기간 내내 이스라엘 국민 태반이 강제 노역에 동원되어 땀과 피눈물을 흘리면서 시달렸음이다.

따라서 이스라엘 국민들의 처절한 고통은 날로달로 더하여 비참하고 비통한 신음과 분노는 극에 달했을 것임을 간과해서는 아니 될 것이다.

거짓 구세주들

인류는 자고이래로 구세주를 갈망했지만, 진정한 구세주는 오지 않고 구세주를 사칭한 가짜들만 있었다. 이른바 신(神)을 업고 선량한 민중을 기만하고 어지러운 세상을 더욱 어지럽게 한 자들이 많았다.

그동안 어느 구세주가 위험과 곤경에 처해 있는 사람들을 건져 내었으며, 인류를 고통과 죄악에서 구원을 하였단 말인가?

불안한 세상일수록 기대한 구세주가 와서 모든 불행, 고통을 일거에 씻어 주고 해결하여 줄 것이라는 바람과 믿음은 더욱 커지게 마련이다. 이른바 구세주의 왕림에 대한 갈망이다.

메소포타미아의 우르를 떠나 이리저리 방황했던 민족인 유대인들이 역경을 만날 때마다 고대했던 존재도 메시아(Messiah, 이른바 구약 성서에서 초인적 능력을 지닌 이스라엘의 통치자를 이르는 말)였다.

구세주를 고대하는 열망이 극점에 도달하면 가짜 구세주가 출현하였다. 돌이켜 보면 인류 역사상 여러 나라에서 자천타천의 수많은 가짜 구세주가 등장하였다. 그들은 핍박과 환란으로부터 민중을 구하고 세상을 바꾸겠다고 한결같이 외쳤다.

많은 사람의 기대 속에서 출현한 가짜 구세주들은 열렬한 환영을 받았다. 거룩한 신(神)의 신통력을 빌려 간절한 소원을 간구하였건만, 허망한 신기루였음을 알게 된 민중들의 실망은 어느덧 분노로 돌변하여 그토록 열광하던 환호성은 "죽여라! 죽여라!" 하는 고함으로 바뀌고 만다.

15세기 이탈리아 피렌체 공화국의 '사보나롤라' 역시 혼돈의 시기에 출현했던 가짜 구세주 중 한 사람이다. 이른바 신(神)의 소명을 받았다는 신부였던 그가 프랑스의 침입으로 심리적 공황 상태에 빠진 피렌체 민중의 마음을 신비한 예언과 무지개 같은 환상적 구원론으로 장악한다.

드디어 권좌에 오른 그는 무소불위(無所不爲)의 권세였지만, 종교적 신비주의에 기댄 집단적 최면 상태는 그로부터 3년이 못 되어서 깨져 버리고 만다. 결국 '사보나롤라'는 자신을 구세주로 떠받들던 민중에 의해서 화형장의 이슬로 사라지고 말았다.

청조 말기에 태평천국(太平天國)의 난을 이끌었던 홍수전(洪秀全, 1814~1864) 역시 도탄에 빠진 중국을 구원하겠다면서, 꿈에 하늘로 올라 금발의 노인으로부터 지상의 악마를 물리치라는 사명과 칼을 받았다고 주장하고, 종교 단체를 만들어 신도들을 규합하여 반란을 일으켰다.
나라 이름을 태평천국이라 하고 자신을 천왕(天王)이라 부른 뒤 난징(南京)을 빼앗아 새 국가 건설을 시작하다가 청나라가 난징을 되찾기 위하여 군사를 일으키자 궁지에 몰려 독약을 마시고 죽고 말았다.

우리나라 후삼국 혼돈의 시대에 미륵불의 화신을 자처한 궁예(弓裔, ?~918) 또한 당시 혼돈의 시대에 일거에 백성들을 질곡의 삶에서 구원하겠다면서 등장했지만, 폭군으로 군림하다가 결국 그의 부하인 신숭겸, 홍유 등이 왕건을 추대하자 도망가다가 평강에서 백성들에게 살해되고 말았다.

구세주 출현이 이른바 신(神)을 빙자하여 구세주를 자처하는 자들의 과대망상과 사기성에서 기인하지만, 욕망의 무한 질주로 맹진하는 무리의 필요에 의해서도 조장될 수도 있다는 것이다. 이들이 공모해서 만든 가짜 구세주를 결국 희생 제물로 삼는 광기 또한 경계해야 할 것이다.

이른바 신(神)을 빙자하고 사람들을 속인 가짜 구세주들이야말로 사특한 희대의 사기꾼들이고 인류를 모독한 죄인들이다.

지금도 세계 도처에서 이른바 신(神)을 빙자하고 천국을 미끼로 하여 먹고사는 사기꾼들이 넘쳐 나고 있다.

교황청이 '갈릴레이'를 인정하는 데 무려 359년이나 걸렸다

종교적 독단과 편견은, 정해진 교리적 이론이나 이른바 성서적 해석으로 맞지 않는다는 이유로 명분 아닌 명분을 세워 배타적 속성과 폐쇄된 수구성으로 예외 없이 배척되었음은 물론, 개화적, 진보적, 진화적 사고와 학구적, 과학적, 실질적 관찰에 의한 진실과 확실한 진상 규명들도 종교적 독단과 독선적 해석과 편협된 속단으로 무지와 이기적 견해들로 간과되고 묵살되어 왔다.

따라서 자기 대열에 서지 않는 자는 물론, 새로운 학설의 정립이나 과학적 근거나 새로운 원리를 밝혀도 이를 모두 이단시하고 적대시하여 야만적 방법으로 학대하고 단죄하였다.

지동설을 지지한다는 이유로 교단으로부터 파문되었던 이탈리아의 천문학자였던 '갈릴레오 갈릴레이(Galileo Galilei, 1564~1642)'가 무려 359년 만에 교황청으로부터 공식 복권되었다.

교황이었던 요한 바오로 2세는 1992년 10월 31일에 역사적인 중대 발표를 한 바 있다. 이때부터 13년 전에 교황 자신이 발족시킨 특별 위원회의 최종 보고를 청취한 교황청 과학원 공식 회의에서 '갈릴레이'에 대한 교적 회복을 공식 선언하면서, "지난날의 유죄 판결은 고통스러운 오해와 다시 되풀이되어서는 안 될 가톨릭교회와 과학 간의 비극적인 상호 이해 부족에서 비롯된 것이다."라고 강조하였다.

교황청은 1633년 "지구가 태양 주위를 돌며 자전한다."라고 주장한 폴란드의 천문학자였던 '니콜라우스 코페르니쿠스(Nicolaus Copernicus, 1473~1543)'의 이론을 지지한 '갈릴레이'를 파문했다.

당시 69세의 노쇠한 처지에 있던 '갈릴레이'는 교황청 신문관들의 위세와 위협에 목숨을 부지하기 위하여 어쩔 수 없이 재판정에서 공개적으로 자신의 과오인 양, 지동설을 부인하고 절대로 이단 행위를 하지 않겠다고 서약을 하고 풀려났다.

그때 법정을 나오면서 "그래도 지구는 돈다."라고 한 자조 섞인 말은 유명하다. 그래서 그가 죽은 뒤에도 공식적으로 장례를 치를 수 없었고 묘소를 마련하는 일조차 허용되지 않았다.

교황 요한 바오로 2세는 '갈릴레이'를 파문했던 당시 신문관들은 그 당시 알려져 있던 일반적 지식에 따라서 행동을 한 것이라고 그들을 적극적으로 옹호하면서 "지구가 우주의 중심이라는 것을 확신한 당시 신학자들의 잘못은 물질세계 구조에 대한 이해를 성서식 해석에만 의존하였던 것에 있었다."라고 덧붙여서 발표하였다.

그 어느 곳보다 교훈적이고 모범적 척도가 되어야 할 입장에 있는 교황과 교황청을 비롯한 교단의 성직자들은 진실과 정당성에 승복하고 인정해야 함에도 불구하고 이를 묵살하여 오면서 확실한 과학적 사실에도 편협, 고착된 사고방식으로 기존의 입장 고수와 근거 없는 성서식 해석에 의존한 오류로 일관하다가 진실 앞에 더 이상 버틸 수가 없게 되니까, 무려 359년이란 긴 세월을 넘긴 후에야 지동설을 인정했다. 그리고 '갈릴레이'를 복권하면서도 근본적으로 잘못된 판결과 오류에 대하여 더욱 진솔하고 진지한 사과와 함께 간곡한 용서를 구했어야 했다.

하지만, 교황 요한 바오로 2세는 이를 회피한 채, "지난날의 유죄 판결은 오해와 가톨릭교회와 과학 간의 비극적인 상호 이해 부족에서 비롯된 것이고, 신문관들도 당시의 일반적 지식에만 의존한 데 있었다."라는 것을 강조하여 발표하였음은, 오히려 당시 신문관들과 신학자들의 입장을 옹호하고 대변한 것으로 참으로 무책임하고 옹졸, 인색하며 궁색, 어눌한 변명을 한 것이 되어 안타깝게도 사과의 기본 덕목인 겸허함과 진정성이 결여된 것이라고 하겠다.

명명백백 뚜렷한 천문학적, 과학적 근거 입증 사실로 이미 오래전부터 세계 각국의 교과서에 수록되어 있는 '지동설'에 관련된 '갈릴레이'의 복권을 시키는 데 기독교계 교황청은 무려 359년이란 긴 세월이 걸렸다.

교단의 위세와 압력에 진실과 양심을 지켜 내지 못하고 끝내 굴복하여 목숨을 구걸하는 소인배로 전락하게 되었고, 정당하지 못한 종교 재판과 스스로 택한 굴종에 안주하여 겨우 목숨을 건졌으나 지금까지 두고두고 오명을 남긴 '갈릴레이'에게는 그래도 359년 만에 은전(?)을 베풀었지만,

모진 고문과 회유, 그리고 7년간의 참담한 옥고에도 굴하지 않고서 '지동설'에 대한 확고한 신념에 따른 진실과 진상을 주장하다가 끝내 화형이란 극악무도한 종교적 형벌에 희생되었던 '브루노(Giordono Bruno, 1548~1600)'에 대해서는 일언반구 말 한마디 없었다.

또 죄 없는 자들을 마녀로 내몰아서 극악무도한 화형식을 거행하고 재산을 몰수하여 가톨릭 사제들이 차지하는 등 무도하고 악랄하며 사악하고 파렴치한 교단의 행적에 대한 사죄는 아예 묵살되고 있다.

또 중세 타락한 교황청에서는 돈을 가장 많이 내는 성직자에게 고위급 성직을 팔았으며, 바티칸 시티의 성 베드로 성당 건축비를 마련한다는 구실로, 돈으로 고위 성직을 산 파렴치한 자들이 본전을 뽑기 위하여, 신도들에게는 돈을 받고 면죄부를 팔았다. 이들은 신도들의 불안과 공포심을 이용하여 신(神)을 빙자하고 천국을 미끼로, 감언이설로 눈먼 돈을 긁어모았다.

따라서 중세에는 금전만 주면 중죄인도 사면되었다. 심지어 죽은 조상들을 대상으로 면죄부를 팔았다. 실로 사악하고 파렴치의 극치였다.

어디 그뿐인가! 양의 탈을 쓴 늑대 같은, 이른바 성직자들의 끊임없이 이어진 성범죄 사실은 지금도 여전히 이어지고 있다.

이른바, 신(神)이란 이름을 업고서 수많은 만행과 악행을 서슴없이 저지르고 뻔뻔스럽게도 호사스럽게 살면서 큰소리를 치면서 민중들을 기만하고 억압하였던 것이다. 진짜 전능한 신(神)이 있었다면 이 악당들에게 먼저 천벌을 내렸을 것이다.

이성을 신앙의 시녀로 삼았던 중세 가톨릭의 무지몰각한 사고방식이 잠재되어 여태껏 지울 수 없는 낙인으로 남아 있는 사실을 재인식하고서 교황청을 비롯한 모든 성직자는 진솔한 성찰과 각성이 있어야 할 것이다.

중요한 것은 종교적 견해나 신념이 아니라, 사실에 입각한 사실성과 진실로 엮어진 진실성과 진정성이다.

섣부른 지식과 몽매한 종교와 그릇된 신앙이 마음과 몸을 가두고 있음을 깨우쳐 알면 참자유를 얻게 된다.

허구와 착각 도취와 맹신, 망상과 환상, 가상과 미신에서 깨어나서 진위를 명확히 판별하고 진상을 분명하게 보아야 바른길에 들어설 수 있다.

　인류에게 참된 희망과 정당한 용기를 주는 것은, 공허한 담론이나 그릇된 도그마(Dogma, 독단, 교의, 교리, 신조)에 갇힌 사고방식이 아니라, 새롭고 참된 생각, 새롭고 참된 깨달음, 새롭고 참된 교육, 새롭고 참된 가치 창출, 인류의 발전 향상에 유익한 창의력과 차별화된 독창성, 창조적이고 앞선 과학 기술, 인류의 발전과 번영에 유익한 발명과 발견, 정명한 원리, 올바른 혁신, 더 나은 진보와 진화 그리고 참되고 올바른 진리를 터득하는 것임을 깨달아 알아야 한다.

　세상은 입증되지 않은 주의, 주장이나 진정성 없는 구호나 설교로 바뀌는 것이 아니라 참마음, 양심과 올바른 생각과 사실에 입각한 진실과 거듭된 진보, 진화로 바뀌는 것이다.

　인류는 살아남기 위하여 꾸준히 창의, 창조하고 진보, 진화하고 있다.

원죄란 터무니없는 굴레

원죄(原罪)란, 기독교에서 아담과 이브가 금단(禁斷)의 열매를 따 먹은 이후부터 인간이 본디부터 지니고 태어나게 되었다는 죄를 말함이다.

아담(Adam, 구약 성서에 나오는 인류 최초의 남성, 이브의 남편)과 이브(Eve, 기독교에서 신이 만든 인류의 첫 여성, 아담의 아내)가 에덴동산(Eden, 환희라는 뜻으로, 기독교에서 이른바 인류의 시조인 아담과 이브가 살고 있었다는 낙원)에서 살다가 여호와(ehovah, 야혜, 예호바, 이스라엘 민족 및 기독교에서 천지 만물을 창조하고 유일, 전능하다고 믿는 신이다)의 계명을 어기고 선악과(善惡果, 구약 성서 창세기에 나오는 선악과나무의 금단의 열매)를 따 먹어 에덴동산에서 쫓겨났다. 결국 인간은 선악과를 따 먹게 되어 원죄가 발생하게 되고 에덴동산에서 쫓겨났을 뿐만 아니라, 자자손손 대대로 기한 없이 온갖 고난과 고통을 겪으면서 살아야만 한다.

이 어설픈 이야기를 참으로 오랜 세월 동안 써먹어 왔다. 그동안 수많은 사람이 이 어설픈 설정의 덫에 걸려 속고 살아왔다니 참으로 한심하고 기가 막힐 노릇이다.

이른바 신(神)은 전지전능하고 무소부재, 무소부지하고 무소불능하고 무소불위하다고 하였는데, 그렇다면 아담과 이브가 불행해진다는 것을 뻔히 알고 있으면서 이토록 어설픈 설정을 해 놓았단 말인가?

실로 자기모순이고 자가당착의 극치이다.

아담과 이브가 금단의 열매를 따 먹은 원죄가 있기 때문에 인류 모두는 죄인이라는 낙인(烙印)이 찍혀 자자손손 대대로 원죄에 연루되어 있을 뿐만이 아니라, 인간이 온갖 고통, 질병, 재난, 죽음 등을 겪는 것이 이들의 원죄 때문이라니 참으로 어이없고 황당하다.

그 신(神)이 어질고 착한 신(?)이라면, 아담과 이브는 물론 그 자손들도 죄악에 빠지지 않도록 계도하고 선도를 해야 했는데, 이들이 죄악의 덫에 걸리도록 유도해 놓고서 이들에게 그토록 가혹한 벌을 준다는 것은 이른바 심술궂은 악신(?)이나 할 짓이 아니겠는가?

무지하고 어리석게도 이러한 신을 믿고서 받들고 날마다 시시때때로 애걸복걸(哀乞伏乞, 애처롭게 사정하여 굽실거리며 빌고 또 빎)하고 아부, 아첨을 일삼고 있으니 참으로 한심한 일이다.

이러한 신을 믿고 있는 자들은 한 번이라도 의문을 가져 보고 사유하면서 숙고해 봐야 할 것이다.

원죄란 터무니없는 굴레이며 아담과 이브, 에덴동산, 선악과(금단의 열매)는 모두 사람들이 꾸미고 지어낸 것으로 믿을 수 없는 것이며, 일고의 가치도 없는 어설픈 허구인 것이다.

인류를 죄인으로 낙인찍어 원죄가 있다고 덮어씌우는 것은 난센스이다.

신(神)도 아담과 이브도 에덴동산도 원죄도 태초(太初)부터 없었던 것들이다.

지어내고 꾸며 낸 원죄도 신(神)도 그만 지우고 삭제해야 한다.

"원수를 사랑하라!"라고 함은
가식이고 위선이다

"네 원수를 사랑하라!"라는 말은 언뜻 듣기에는 관용과 박애가 함축되어 있는 말인 듯 착각할 수 있는 말이다. 이런 말에 현혹되지 말자!

사랑이란 순수한 마음에서 우러나오는 것이다. 진정성 없는 사랑은 사랑이 아니다.

원래 원수는 증오의 대상이란 말이 솔직한 것이지만, 인류의 화합과 평화를 위하는 차원에서 "네 원수를 용서하라!"라고 한다면 그래도 말이 될 수 있을 것이다.

사랑은 순수하고 솔직한 것이어야 한다. 사랑이란 말을 흔하게 쓰고 있지만, 자기 자신도 사랑하지 않으면서 타인을 진정으로 사랑한다는 것도 쉽지 않고 어려운 것인데 하물며 "네 원수를 사랑하라!"라는 것은 사리에도 도리에도 맞지 않는 말이다.

실제로 사랑하는 내 부모, 처자식이 죄도 없이, 원한을

진 일도 없는데 처참하게 살해를 당하였거나 자기 자신에게 극악한 위해를 자행한 자, 예컨대 큰 잘못도 없는데 모진 고문은 물론 팔다리가 잘렸거나 황산 테러 등으로 얼굴 등 전신에 극심한 화상을 당하였거나 눈알이 뽑혀서 장님이 되었다면, 그 극악무도한 가해자를 용서할 수도 없는 것이 인지상정인데 그 원수를 사랑하라고 한다고 해서 과연 사랑할 수 있겠는가?

생각만 해도 몸서리가 쳐질 철천지원수를 사랑하라고 함부로 말하는 자는 정상인이 아니다.

말로는 못 할 말도 못 할 일도 없고 쉽게 생각을 할 수도 있겠지만, 극악무도한 불공대천지원수를 사랑할 수는 없는 것이 인지상정이고, 진실로 사랑함은 부모, 처자식, 가족 등에 대한 본심이고 도리일 것이다.

잘못을 저지른 가해자가 진정성을 가지고 진심으로 자기의 잘못을 깊이 뉘우치고 용서를 빌면 피해자가 용서할 마음이 생길 수도 있겠지만, 불공대천, 철천지원수를 사랑하라고 하는 것은 종교적 박애심 이전에 인간 본연의 순수성과 도리를 짓밟는 것이고 보편적 가치 기준을 무시한 무책임하고 몰상식한 발상에서 나온 말이다

냉철하게, 솔직한 심정으로 깊이 사유해 보자! 잘못을 저지른 자에 대해서도 사건에 따라 진심으로 용서하기도 어려운 경우가 있을 수 있다.

사실 원수는 용서하기도 어려운 것인데, 하물며 사랑하라 함은 가식(假飾)이고 위선(僞善)이다.

수동적 사랑은 진정한 사랑이 아니다. 진정한 사랑은 타의에 의해 조종되거나 순종하고 복종하는 것이 아니다.

진정한 용서는 내 머릿속, 내 마음속에서 미움을 거두어 낼 수 있을 때 성립되는 것이다.

하물며 "원수를 사랑하라!"라고 외치고 있으면서도 같은 기독교계 여러 종파끼리 서로 견제하고 서로 갈등하고 서로 미워하고 있는 실정이다. 심지어 신(神)을 믿는 각기 다른 종교, 종파들은 서로 헐뜯고 서로 살상도 하고 서로 테러를 저지르고 전쟁도 불사해 왔다.

악마여 물러가라! 돌 던지기 행사

해마다 되풀이되고 있는 무슬림들의 메카(Mecca) 순례 행사가 크고 작은 압사 사고로 얼룩져 왔다.

메카 순례의 대미를 장식하는 돌 던지기 행사 때 순례자들의 열정은 최고조에 달한다. 이는 다섯 가지 의무 중 하나이다.

'악마의 기둥'에 돌을 던지는 의식은 아브라함이 이른바 신(神)의 소명에 따라 아들 이스마엘을 제물로 바치려 할 때 유혹했다는 악마를 쫓는 의식이다.

순례자들은 3개의 돌기둥을 향해 무즈달리파 돌산에서 주워 온 49~70개의 작은 돌을 7개씩 던지며 "악마여! 물러가라!"라고 외친다.

'악마의 기둥' 돌 던지기 의식이 벌어지는 미나 평원은 250만여 명을 수용하기에는 턱없이 협소하다. 여기에 순례 중 사망하는 것은 천국으로 가는 축복이라는 믿음도 안전 의식을 약화시킨다.

이는 이슬람이 발원한 알라의 무슬림에게 더없는 축복으로 받아들여진다. 실제로 노인 순례객 중 메카 순례가 인생의 마지막이 되길 원하는 사람이 적지 않다고 한다.

이들이 믿고 늘 주장해 온 전지전능하다는 이른바 위대한 신(神)의 위력으로도 이제껏 악마를 없애 버리기는 커녕, 물리칠 수도 없어서 해마다 되풀이되고 있는 행사들! 그리고 이에 따른 사고로 귀중한 생명을 잃고 있는 안타까운 희생들!

이러한 '자기모순', '자가당착'의 모순성을 성토하고 비판할 수도 없는 상황, 설정들이 그들에게 부여된 율법이고 주어진 삶의 단면상이기도 하다.

부처와 예수가 남긴 말

예수가 참혹하게도 십자가(十字架, 고대 유럽에서 쓰던 '十' 자 모양의 형틀)에 못 박혀서 양옆의 중죄수와 함께 최후를 맞이할 무렵, 하늘을 우러러 "오! 아버지시여! 저를 버리시나이까!"라고 외쳤지만 하늘에서는 아무런 응답이 없었다.

옆 십자가에 매달려 있던 중죄수 한 명이 예수를 향해 말했다. "당신이 진정 신(神)의 아들이라면 신에게 간청하여 이 절박한 처지에서 당신도 구하고 우리도 구해보시오!" 예수는 묵묵부답 대답을 하지 않았다. 아니 못했다.

다른 쪽의 십자가에 매달려 죽음의 공포에 떨고 있던 또 한 명의 중죄수가 예수를 향하여 말했다. "나는 당신을 믿고 따르겠소!"
예수가 그자에게 말했다. "그대는 오늘 나와 함께 낙원에 가 있을 것이다."

45년간 설법을 한 부처가 80세의 나이로 여행 도중 쿠시나가라 사라나무 꽃이 만발한 곳에서 임종할 때, 옆에 있던 제자에게 말하였다. "형성된 것들은 소멸되기 마련이다." 이어서 부처는 말했다. "내 생각, 내 욕망을 허물고 열심히 정진, 수행하라! 나는 그동안 한마디, 한 글자도 설(設)하지 않았다."

예수의 말은 고통과 두려움에 처한 임종 환자에게 천국이란 달콤한 환상을 심어 줌으로써 죽음의 두려움을 잠시나마 잊게 하는 '모르핀(Morphin, 아편에 들어 있는 알칼로이드의 한 가지, 마취제나 진통제로 쓰임)' 같은 역할을 하였다.

예수는 평소에도 이른바 신(神)의 아들이라고 자처하면서 신통력이 있는 양 처신했었다.

또한 예수는 이른바 신(神)을 빙자하고 천국을 미끼로 사람들로 하여금 착각과 망상에 사로잡히도록 현혹해 왔었다.

부처는 45년간 설법을 하였고 수많은 사람을 깨닫게 하였다.
그럼에도 불구하고 그동안 한마디, 한 글자도 설(說)하지 않았다고 하였다.
따라서 부처는 마음속으로, 먼 후세에 오게 될 내세불

에게 새로운 설법을 듣고 새로운 깨달음을 얻겠다는 진솔함과 더불어 새로운 완성된 진리를 희망하고 기대한 심오한 뜻이 어렴풋이 잔잔한 여운으로 남아 있음을 '아난다'와 '가섭'은 뒤늦게 메아리로, 온 깨달음으로 깨우쳤으리라!

부처는 다 완성하지 않은 여운을 남기고 가신 분이기도 하다.

부처는 다 완성하지 못한 설법을 다시 태어날 미래불(未來佛)에게 기대를 하는 여운을 남기고 가신 분이다.

부처는 신(神)이 아니다. 크게 깨우친 분이다.
누구나 깨우치면 부처의 반열에 오를 수 있다.

유다와 예수, 이른바 성서와 기적(?)

2006년 1월 13일 자 《타임》의 보도에 의하면, 예수를 배반해서 기독교계의 최대 죄인으로 낙인찍혀 있는 예수의 제자 가룟 유다(Judas Iscarot)가 교황청 학자들에 의해 재평가될 전망이다.

유다의 명예 회복을 추진 중인 바티칸 학자들의 의견은 겟세마네 동산에서 은전 서른 닢에 예수를 팔아넘겨 버린 유다의 행위가 고의가 아니라, '신의 계획(God's Plan)'에 따라 그렇게 한 것이라는 전제에서 출발한다.

기독교계에서는 그동안 예수가 십자가에 못 박히는 것을 유다가 돕고 부추겼다고 줄곧 비난해 왔으며, 따라서, 유다라는 이름은 반역과 동의어로 사용되어 왔다.

그럼에도 불구하고 이른바 '신의 계획'에 따라 그렇게 한 것이라고 한다는 것은 얄팍한 저의가 있음이다.

이른바 '신(神)의 아들'이라 자처하면서 신통력이 있는 양 행세했던 자가 한 치 앞도 못 보면서 굴속에서 집회를 하는 등 숨고 쫓겨 다니고, 제자마저 예수를 믿지 못하고 팔아넘겨 버려서 결국 예수로 하여금 십자가 형틀에 못 박혀 참혹한 죽음에 이르게 하였다는 그동안의 지탄과 모멸 찬 비난을 희석하고 불식함으로써 추락한 예수의 명예 회복을 꾀하려는 의도와 속셈이 빤히 보이는 어설픈 짓으로, 이는 오히려 그 흠집에 이 흠집까지 겹치는 꼴이 되어 양식 있는 식자들의 비난과 더불어 세인들의 조소거리가 될 수 있음을 숙고해야 할 것이다.

교황청 신부학자들은 어불성설(語不成說)에 힘쓰지 말고 새로운 가치에 눈을 떠야 할 것이다.

이른바 전지전능하다는 신(神)의 아들이자 스스로 온 예수가 어찌하여 유대교 사제들과 로마 군인들에게 이리저리 쫓겨 다니고 숨어 지내야 했으며, 따르던 제자에게조차 믿음을 주지 못하고 그 제자의 배신으로 급기야 체포되는 치욕과 수모를 당해야 했으며 결국 십자가 형틀에 못 박혀서 참혹한 죽임을 당해야 했단 말인가!

2006년 4월 4일 《뉴욕 타임스(NYT)》의 보도에 의하면, 예수가 갈릴리 호수에서 물 위를 걸어 다녔던 것이 아니라, 결빙되어 있는 얼음 위를 걸었을 것이라는 주장이 제기돼 논란이 되었다.

이 보도에 따르면 플로리다 주립 대학 해양학자인 드론 노프의 연구팀은 《고육수학(古陸水學)》에 게재한 연구 논문에서 마가복음에서 예수가 물 위를 걸었다고 밝힌 시기에 갈릴리 호수에서 부분적인 이상 결빙 현상이 나타났을 가능성이 있다고 밝혔다.

연구팀은 지중해의 해수면 온도 기록 등을 토대로 분석한 결과, 과거 갈릴리 호수에서 이상 결빙 현상이 나타날 수 있으며 특히 상대적으로 기온이 낮았던 1500년에서 2500년 전 사이에 이런 일이 일어날 수 있다고 하였다.

연구팀은 당시 갈릴리 호수 일대가 지금보다 훨씬 추웠다고 하면서 대기 온도가 영하로 내려갔다면 갈릴리 호수에서 나오는 염수(소금물)와 담수의 차이로 인해 부분적으로 사람의 무게를 지탱할 만큼 두꺼운 얼음이 형성될 수 있다고 설명했다. 연구팀은 만약 직전에 비라도 왔다면 멀리서 볼 때 더욱 물 위를 걷는 것처럼 보였을 것이라고 덧붙였다.

연구팀은 이번 연구 결과는 과학적 분석 내용을 바탕으로 가능성을 제시한 것일 뿐이라면서 성서 기록의 진위는 양심 있는 종교학자나 신자 등이 결정할 문제라고 하였다.

이른바 신(神)을 빙자하고 기적을 가장하여 순진한 사람들을 속이고 눈가림을 하여 온 사례는 동서양을 불문하고 많았다.

예수의 13세부터 29세까지의 행적은 성서에서도 밝히지 않고 있으며, 교계에서도 침묵하고 있다.

프랑스에서 문학 박사 학위를 받았고, 한양대학교 교수였던 민희식(閔熙植) 박사가 프랑스 박물관에서 입수한 자료 및 인도 여러 곳의 답사와 티베트, 네팔 등 사원에 산재해 있던 불교계 경전과 티베트계 경전 등의 기록 내용을 근거로 예수의 13~29세까지의 행적에 관하여 발표한 바 있다.

이 발표에 의하면, 그 시기에 예수가 인도에서 불교를 수학했고 수도 생활도 하였으며, 또 티베트에서는 그곳 밀교계의 고승 맹그스테로부터 수준 높은 술법과 심령 치료 비법 등을 익혔다고 한다.

기독교계 기록들이 침묵하고 있는 예수의 13세에서 29세까지 16년 동안의 활동 내용은 인도의 라다크주 지방의 수도 '레메' 남쪽 40km 지점의 '하이미스' 7대 사원에서 발견된 티베트어로 된 여러 경전에 기록되어 있다. 그리고 예수 생애에서 밝혀지지 않은 기간의 진상에 대해 짙은 회의를 품었던 서양의 학자들도 많았으며, 대표적인 인물이 제정 러시아 때의 러시아인 '니콜라스 노토 비치'인데 그는 인도, 네팔 등지의 여러 사원에 있는 예수의 기록을 모아서 지난 1894년 불어판으로 발표했었다.

이른바 성서에는 예수의 수많은 기적을 열거하고 있지만, 상식적으로나 과학적으로나 정상적인 사고력을 가진 자들은 납득할 수 없는 것들이 많다. 예수가 장님들의 눈을 뜨게 하고 심지어는 죽은 사람을 살려 냈다고 하였으며, 예수가 빵 5개, 물고기 2마리로 5,000명을 먹이고도 빵 부스러기가 12광주리나 남았다고 쓰여 있다.

참으로 황당하다. 사람들을 속이고 홀리는 방법치고는 참으로 유치하고 우매하다.

예수 출생의 정확한 일자에 대해서도 논란이 분분하다. 예수의 출생은 그 시대 역사가들에게는 언급할 가치가 없는 일이었다.

복음서 가운데 유일하게 동방 박사의 경배와 헤로데 왕의 유아 살해를 언급하고 있는 마태복음에 대해서도 강한 의문을 제기하고 있다.

복음서에는 헤로데왕이 새로 태어난 사내아이들을 모두 죽였다고 하였지만, 역사가들의 기록에는 이와 같은 대량 학살을 짐작할 만한 기록이 전혀 없을뿐더러, 예수가 헤로데왕 집정 당시에 출생했다는 것도 확실치 않다. 역사적 사실을 토대로 실제의 예수와 이른바 성서 속 예수 사이의 간격도 맞지 않다는 것이다.

"예수에게 인간인 아버지가 정말 없었을까?" "그는 진정 처녀의 몸에서 출생했을까?" 하는 의문들은 원칙적으로 명확한 답을 지닌 과학적 질문으로 귀결되는 것이다.

현시대에 처녀가 수태를 했다면 당장 유전자(DNA) 검증으로 그 아비를 가려낼 수 있다고 이구동성으로 떠들 것이다. 마리아는 요셉과 함께 살았다고 기록되어 있다.

마태오는 요셉이 다윗왕의 28대 후손이라고 하였고, 누가는 41대 후손이라고 하였다. 더구나 두 족보에는 겹치는 이름이 없다.
예수가 정말로 처녀의 몸에서 출생했다면, 요셉의 족보에 이어진 혈통과는 연관성이 없는데도 굳이 다윗의 후손에 짜 맞추고 있다는 것은, 예수를 왕손으로 조작하려는 의도에서 나온 우매한 발상인 것이다.

이른바 복음서들은 예수가 사망하고 오랜 세월이 지난 뒤에 나온 것들이다.

이른바 성서는 예수의 말도 아니고 예수가 쓴 것도 아니다. 이른바 성서는 원본 자체가 번역본이다. 예수 자신의 언어가 아님은 물론, 이른바 유일신의 말도 아니다.
이른바 기독교 성서의 원본(지구상의 최초의 원본)은 희랍 말을 할 줄 아는 사람들이 희랍어로 적은 것이다.

예수 자신은 희랍어를 전혀 몰랐을 뿐만 아니라, 예수는 지금은 완전히 없어져 버린 소수 아랍어에 속했던 토착 언어만을 사용했던 사람이었다.

예수의 말에 대한 최초의 기록도 단지 추측으로 예수의 말일 것이라고 떠도는 말들을 예수가 세상을 떠난 지 40~50년경 후에, 그것도 아랍어에서 예수가 전혀 몰랐던 희랍어로 번역하여 적어 놓은 것이다.

현존하는 지금의 이른바 성서는 이러한 최초의 기록에서 여러 번의 개정과 번역 과정을 거친 것이다. 따라서 거듭된 가감, 첨삭, 왜곡, 과장, 미화, 조작, 모사, 윤색으로 가필되고 대필되어 당초의 것과는 판이하게 변형

된 것임을 간과해서는 아니 될 것이다.

예수는 생전에 단 한 줄의 글도 남기지 않았다. 예수 사후에 그를 추종하거나 그를 이용하려는 자들이 오히려 예수의 근본 취지와는 다르게 꾸며 낸 것으로 오신, 오도할 수 있음도 간과해서는 아니 될 것이다.

이른바 한국의 성서에도 보통 두 종류가 있다. 한글 개역판과 공동 번역판이 있는데 이 두 판의 문장 표현이 각기 다를 뿐만 아니라 그 의미도 전혀 다를 때도 있다.

이른바 성서의 한 글자, 한 구절이 모두 전능하신 신의 말씀이라 했는데, 도대체 어느 판이 진짜로 맞는 것인가?

이른바 성서에는 예수의 말도 없고 이른바 신(神)의 말도 없다. 그러한 말을 주장하고 강변하는 사람들의 세계 각국의 언어 번역이 있을 뿐이고 이에 대한 인간의 해석만이 분분할 뿐이다.

세계 각국의 이른바 성직자나 목회자들은 이러한 사실조차도 모르고 있거나 알아도 자기 생계에 지장을 초래할까 봐 발설을 하지 못하고 있을 것이다.

사실, 양식(良識 건전한 사고방식, 건전한 판단력)을 가진 사람이라면, 이른바 성서는 객관성이 결여되어 있고, 구태의연한 전설과 미신, 계시와 예언, 직관과 예단, 비유와 곡설, 모순과 자가당착 등이 뒤섞여 있고, 일방적이고 유치하고 황당한 언설로 기록된 내용들도 깔려 있음을 부인할 수 없다는 사실을 알고 있거나 알게 될 것이다.

따라서 이른바 성서를 근간으로 한 기독교는 계시(啓示)에서 예언으로 된 전근대적 기복 신앙의 한 틀에서 벗어나야 함을 숙고하고 성찰해야 할 것이다.

이른바 성서에 나오는 인간 최초의 시조인 아담과 이브가 죄인으로 낙인찍혀 온 이래 서양적 사고방식에는 인간은 누구나 죄인이라는 인식이 배어 있어 왔다. 따라서 인간은 누구나 신(神)에게 순종해야 하듯 강자는 약자를 복종시키고 순종하게 함이 당연시되고 있음이 그 내면에 깔려 있다.

기독교 신학은 이른바 신약 성서라는 특정한 하나의 책을 모든 사고의 궁극적 근원으로 삼고 있다.

모든 기독교 성직자, 목회자의 지론이나 설교는 오직 이른바 성서에 근거하지 않을 수 없게 되어 있다.

모든 신학 이론은 이른바 신약 성서는 물론 구약성서까지 인정하지 않으면 이단으로 몰리게 되고 만다.

성경 또는 성서라는 말은 성스러운 경전이라는 뜻으로, 원래 동양 철학 경서에서 옛날부터 써 온 것인데, 이것을 기독교에서 모방, 인용한 것이다.

언필칭, 이른바 성서에 복음서에 그렇게 기록되어 있으니까 그렇게 믿어야만 한다는 식은 진정한 의미의 납득이나 해답이 될 수 없다.

예수는 유대인이었기 때문에 응당 유대인 모습으로 등장해야 함에도 불구하고 예수의 형상은 늘 기골이 장대한 건장하고 잘생긴 서양인 모습으로 등장하고 있다.

무엇이 두려워서 유대인의 본모습으로 드러내지 못하고 있단 말인가? 떳떳하지 못한 이러한 눈속임으로 사람들을 속이는 것부터 시정하고 바로잡아야 할 것이다.

예수는 이른바 신(神)의 아들이라 자처하고 그 신을 빙자하면서 천국을 미끼로 신에 복종하게 하고, 사람들을 종으로 만들어서 자기에게 순종하도록 하였다.

산 자는 죽은 자에게 의지하고 간구(干求, 바라고 구함)하는 것이 아니라, 죽은 자를 추모하거나 특별한 업적이 있다면 그 업적을 기릴 뿐이다.

"과거의 집착된 언설과 망상에 현혹되지 말자! 나를 믿고 따르라!"라고 하였지만, 그를 의심하고 눈을 떠야 새 길이 보일 것이다!

신(神) 없는 우주에 신의 아들은 있을 수 없고, 구세(救世)한 적이 없는데 구세주란 가당치 않다.

신(神)에 묶이고 그 종교에 갇히면 헤어나기 어렵다.

교당의 지붕 위에 세운 십자가 꼭대기에 피뢰침을 세워야 벼락을 막을 수 있다.

피뢰침을 세우지 않으면 벼락을 막을 수 없기 때문에 교당의 십자가 꼭대기 위에 사람이 발명한 과학의 산물인 피뢰침을 세워야 함을 깊이 사유하고 각성하는 계기가 되기를 바라는 것이다.

※ 피뢰침을 발명한 분은 '벤저민 프랭클린'이다. 미국의 정치가,

과학자이다. 그는 말하였다. "나는 기독교의 교리가 분명치 않다는 것을 알게 되었다. 그래서 어렸을 때 나 스스로 기독교 모임에 참석하지 않았다."

우주 별들과 지적 고등 생명체

인류는 우주를 알기 위하여 끊임없이 관찰하고 연구, 노력하여 왔으며

인류는 자신들이 살고 있는 지구와 지구 밖의 우주 현상을 논리적으로 일관되게 이해하려고 애써 왔고,

우주를 이해하는 한 방편으로 신화와 종교가 등장하고 과학이 생기고 발전해 왔다.

우주는 언제 어떻게 시작되었으며 우주의 모양과 크기는 얼마나 되고 지구상의 생물은 언제 어떻게 나타났으며, 지구 밖 외계에도 다른 생명체가 존재하고 있을까 등등의 의문들은 과학자들이 풀어 가야 할 과제인 동시에 많은 지구인의 호기심이며 관심사이기도 하다.

20세기 초에 대구경 망원경의 출현으로 우주에 대한 체계적인 탐사가 가능해졌으며, 따라서 우리 태양이 은하수에 포함된 수많은 태양(항성) 가운데 하나라는 사실을 알게 되었고 우리 은하 역시 우주 여러 곳에 있는 수

많은 은하 중 하나임이 밝혀졌다.

우주에는 약 5000억 개의 은하가 있다고 한다. 우리 은하계만 해도 약 3000억 개의 별이 있고, 이 은하계 내 별들의 10%인 약 300억 개의 항성이 있으며, 이에 따른 별 중에는 생명체가 있을 수 있는데, 그 가능성을 1% 정도만 산정해도 3억 개나 되고, 이들 중에는 지적 고등 생명체, 즉 외계인이 고도의 문명을 이루고 있을 가능성이 크다는 것이다.

따라서 이들도 외계의 문명과의 정보 교환을 원하고 있을 것을 전제하여, 이들 외계인에게 전파를 송신하고 또 수신하고자 하는 것을 외계 문명 탐사(SETI, The Search for Extra-Terrestrial Intelligence) 계획이라고 부른다. 현재 미국, 러시아, 일본 등이 참가하고 있다.

한편 은하들은 은하군, 은하단을 이루고 있으며, 이 은하군과 은하단들은 더욱 거대한 초은하단(Supercluster of galaxies)을 형성하고 있음도 밝혀졌다. 이는 더 진화, 발전되어 초고도화된 문명을 이루고, 또 초능력을 지니고 있는 초고도의 지적 외계인의 존재 가능성도 있을 수 있다는 것이다.

따라서 이들은 인간들이 지어낸 이른바 전지전능하다는 신(神)의 경지에 거의 이르렀다고 할 수 있고 분명한 것은 이들 역시 '진화에 의한 산물이고 능력'이라는 것이다.

이와 같은 일련의 가능성은 인류에게 새로운 깨우침을 주는 계기(契機)가 되면서 인류가 개천(開天)하여 활로(活路)를 찾아내는 희망을 가지게 하는 전기가 된다.

아울러 인류에게 각성(覺醒)을 하게 하고, 새로운 진리관, 우주관, 세계관, 철학관, 가치관을 세우는 전기도 되는 것이다.

《뉴욕 타임스(NYT)》의
외계인 존재 발표

《뉴욕 타임스(NYT)》가 2003년 11월 11일에 과학 섹션인 《사이언스 타임스》의 창간 25주년을 맞이하여 현대 과학의 최대 난제 25제를 특집 기획으로 다뤘는데,《뉴욕 타임스(NYT)》인터넷판에 실린 과학, 전쟁, 외계인, 진화, 불로장생 등 특집 기사 중에서 특히 '외계인'에 관한 것을 요약하면 다음과 같다.

《뉴욕 타임스(NYT)》는 '외계인은 존재하지만 지구와 인류에게 방해를 안 할 뿐'이라고 하면서 분명한 것은 '증거의 부재가 부재를 증명하는 것이 아니라는 점'이라고 하였다.

그러나 이들 외계인들이 돌변하여 지구와 인류에게 침공을 가할 수도 있고. 또 다른 외계인들의 침공으로 우리 인류를 노예로 삼거나 아예 절멸시킬 수도 있음을 유념해야 할 것이다.

생명체가 살 수 있는 행성 발견 발표
(NASA), 지구와 닮은 별 찾았다

생명체가 살 수 있는 '제2지구(Earth 2.0)'에 가장 부합하는 행성이 발견되었다고 2011년 12월 5일(현지 시간) 나사(NASA, 미국 항공 우주국)가 발표하였다. '케플러-22b'라고 명명된 이 행성은 지름이 지구의 약 2.5배이고 온도는 약 22℃라고 하였다.

15만 개 별을 케플러 우주 망원경이 추적
'제2지구' 54개 후보 행성 중 첫 확인

- '케플러-22b' 어떻게 찾았나 -

과학자들은 오랫동안 인간이 살 수 있는 '제2지구(Earth 2.0)'의 조건을 제시해 왔다. 일단 목성처럼 가스로 이루어지지 않고 또 지구처럼 암석으로 이루어져야 한다.

지구처럼 중심 항성(태양)에서 너무 멀지도 가깝지도 않아 물이 액체 상태로 존재할 수 있어야 한다.

행성(항성을 둘러 싸고도는 별)의 크기와 대기, 중력 등도 생명체가 살 수 있을 만큼 적절해야 한다.

나사의 '케플러 연구팀'이 2011년 12월 5일(현지 시간) 공식 발표한 '케플러-22b'는 지금까지 발견된 행성 가운데 이 조건에 가장 부합한다.

지구로부터 600광년 떨어진 '케플러-22b'는 이른바 '생명체 서식권(Habitable Zone, 혹은 골디락스 영역)'에서 발견된 행성 가운데 가장 작다(지구 크기의 2.4배). 생명체 서식권이란 중심 별에서 너무 멀지도 가깝지도 않은 궤도 범위를 말하는데, 이런 조건에서만 액체 상태의 물이 존재할 수 있다.

'케플러-22b'는 공전 주기가 260일 정도로 지구와 큰 차이가 나지 않고 크기도 지구의 두 배 남짓해서 비슷하다.

나사(NASA)는 2009년 쏘아 올린 케플러 우주 망원경으로 '제2지구' 후보들을 탐색해 왔다. 제작 비용만 6억 달러(한화 약 6800억 원)가 들어간 케플러 망원경은 미리 선정한 15만 개의 항성을 대상으로 그 주위 행성의 크기와 움직임 등을 추적했다.

2011년 2월 나사(NASA)는 54개의 '제2지구' 후보 행성들을 발표했고, 이 가운데 '케플러-22b'가 처음으로 공식 확인된 것이다.

물이 있다면 액체 상태일 가능성이 큰 조건이란 점이 고무적이고, 우리 은하의 약 1000억 개의 항성 가운데 지구와 유사한 행성을 찾는 첫 단추를 끼웠다는 사실에 기대하는 바가 크다고 발표되었다.

생명체 존재 가능성 가장 큰 행성 찾다
- 지구와 닮은 별 찾았다 -

태양계 밖에서 생명체가 존재하기에 적당한 조건을 갖춘 '또 다른 지구'가 발견됐다. 미국 산타크루즈 캘리포니아대학(UCSC)과 카네기 연구소 연구진은 2010년 9월 29일 미국 워싱턴 미 국립 과학 재단에서 기자 회견을 갖고 "태양과 같은 중심별로부터 너무 가깝지도 멀지도 않아 생명체가 살기에 꼭 알맞은 이른바 골디락스 영역에서 처음으로 행성이 발견됐다."라고 공개했다.

이 행성은 지구로부터 20광년 떨어져 있는 천칭자리의 적색 왜성 글리제(Gliese) 581의 주위를 도는 6개 행성 중 하나로 이름은 '글리제 581g'이다. 이 행성에는 액체 상태의 물이 존재하기에 매우 적합한 위치에 있음이 확인됐다.

물이 있다는 것이 확인되면 생명체 존재 가능성이 있는 최초의 행성이자 지구와 가장 닮은 외부 행성이 된다.

연구진은 "11년간 하와이 케크 천문대에서 첨단 기술과 재래식 우주 망원경을 사용해 관찰한 결과 이런 성과를 얻었다. 관찰 대상 행성 수가 적다는 것을 감안할 때 이처럼 빨리, 가까운 거리에서 발견했다는 것은 이런 행성이 매우 흔하다는 것을 의미한다."라고 말했다.

연구진이 밝힌 글리제 581g의 공전 주기는 37일, 질량은 지구의 3~4배 정도이고 표면은 고체 암석으로 이루어져 있으며 평균 온도는 섭씨 영하 31도~영하 12도 정도일 것으로 추정된다. 중심별을 향하는 쪽은 매우 뜨겁고 반대편은 꽁꽁 얼어 있을 것으로 추정돼 이 행성에서 생명체가 살 만한 곳은 '명암 경계선'으로 불리는 양지와 음지의 중간 지대가 될 것이라는 게 연구진의 설명이다. 또 대기를 붙잡아 두기에 충분한 중력도 존재해 사람이 똑바로 서서 걸을 수도 있다.

연구진은 골디락스 행성이 이처럼 빨리, 가까운 거리에서 발견된 것으로 미뤄 볼 때 우리 은하 안에 이러한 행성이 수백억 개는 될 것이라고 추정했다.

우주의 경계를 넓힌
'허블 망원경 20년'

연세대학교 천문우주학과 이석영 교수가 《동아일보》에 기고한 글을 참고용으로 여기에 옮긴다.

미국의 에드윈 허블은 1929년 은하의 빛에 나타난 도플러 효과를 이용하여 더 먼 우주의 은하일수록 더 빨리 우리 은하로부터 멀어진다는 사실을 발견하고 우주가 팽창하고 있음을 밝혔다. 오늘날 우주 관측 사실을 가장 잘 설명하는 빅뱅 팽창 우주설이 관측에 의해 증명되는 최초의 순간이었다. 20세기 최고의 관측 천문학자를 기억하기 위해 미국 항공 우주국(NASA)은 역사상 가장 위대한 우주 망원경에 그의 이름을 붙였다.

20년 전의 지난주에 우주로 띄운 '허블 우주 망원경'이 바로 그것이다.

허블 우주 망원경은 지름 2.4m의 반사경을 가진 중형 망원경이지만 그보다 여러 배 더 큰 지상 망원경보다 10배 이상 더 정밀하게 우주를 관측할 수 있다. 지구 대기의 영향을 받지 않기 때문이다. 그 대신 1초에 8km(!) 속도로 지구를 공전하면서 먼 우주의 작은 천체를 연속적으로 관측할 수 있는 초정밀 공학적 완성도가 필요한 것이다. 이런 의미에서 허블 망원경은 단순한 관측 기기를 넘어선 현대 인류 문명의 결정체이다. 현대의 피라미드인 셈이다.

허블 우주 망원경을 통해 우리는 이전 세대의 사유의 지평을 거뜬히 넘어섰다. 지난 80억 년 동안 우주가 어떻게 팽창했는지 우주 팽창 역사를 재건했고 우주의 나이를 10% 오차 내로 알게 됐으며 아무것도 기대하지 않던 깜깜한 하늘의 모퉁이에서 100억 년 전 최초의 은하가 탄생하는 모습을 엿보게 됐다. 또한 모든 은하의 중심에 자리 잡은 초거대 블랙홀의 크기를 측정하고 태양과 같은 별의 최후를 목격하게 됐으며 지구와 같이 생명이 태어날 수 있는 조건을 갖춘 외계 행성을 찾게 됐다. 바로 오늘 우리는 허블 우주 망원경을 비롯한 영웅적 실험을 통해서 고갱의 그림 제목 〈우리는 어디에서 왔고, 무엇이며, 어디로 가는가?〉에 대한 인류의 궁극적 질문에 대답을 찾아가는 것이다.

과학자들이 우주 망원경을 구상하던 1960년대에 이런

엄청난 발견을 훗날 하게 될 것을 알았을까? 그렇지 않다. 기록에 남은 그들의 최초의 꿈은 훨씬 소박했다. 그래도 그들의 시도는 위대했다. 갈릴레오가 최초의 천체 망원경을 만들어 목성을 관찰했을 때 목성 주위를 도는 위성을 발견하여 수천 년 내려오던 천동설을 무너뜨리리라고 기대했을까? 마젤란이 서쪽으로 세상의 끝을 향해 항해하면서 새 대륙과 새 세상을 발견하게 될 줄 알았을까? 이런 순진한 기대를 갖고 한국도 세계 최대 25m급 거대 마젤란 망원경 프로젝트에 당당한 파트너로 참가하니 우리 가슴이 벅차다.

몸속에 있는 셀 수 없이 많은 원자 중 내 몸이나 부모 혹은 지구가 만든 것은 하나도 없다. 대부분을 차지하는 수소는 초기 우주 3분 동안에 만들어진 것이며 탄소, 산소, 철 등 나머지 원소는 모두 먼저 살다 간 별이 만든 것이다. 나를 낳아 준 부모와 조상에 대해 평생 배우는 우리가 우주와 생명의 근원에 대해서도 궁금해하고 관심을 기울이는 모습은 가장 자연스러운 일이 아닐까? 21세기 현대 문명의 지도자가 되기를 희망하는 우리 모두가 생각해 볼 일이다.

※ 이제는 케플러 우주 망원경이 등장하여 더 많은 별을 헤아리게

되었다.

2021년 12월 26일, 웹 망원경 발사 성공으로 우주를 더욱 살펴보게 되었음이 발표되었다.
앞으로는 더욱 성능이 우수한 우주 탐사 망원경으로 우주를 관찰하게 될 것이다.

허블 망원경보다 2.7배 더 크고 무게는 더 가벼운 제임스 웹 망원경 발사 성공으로 우주의 기원과 발생을 연구하고 외계인 탐색 등도 한다고 한다. 이 모든 것은 적외선 감지로 관찰한다고 하였다.

《사이언스 다이제스트》선정 인류 멸망, 지구 소멸을 초래할 요인

　세계적 천문학자와 과학자들은 인류의 멸망 및 지구의 소멸이 어느 때 갑자기 올 수 있다고 하였다.

　각종 재난, 재변, 환경 오염, 기상 이변, 산소 감소, 자원 고갈, 지구 온난화 등 돌발 사태, 공해, 슈퍼 박테리아, 변종, 신종의 세균 및 바이러스, 곰팡이 등 미생물에 의한 감염, 모기 등 해충에 의한 피해, 변종, 신종의 괴질, 전염병, 인수 공통의 전염병, 각종 악성 질병, 생화학 등 유해 물질의 피해, 핵폭탄, 핵물질에 의한 피해 등등…….

　이러한 사례는 대부분 예상할 수도 있는 것이지만, 과학자들은 인류가 멸망하리라는 비관론과 함께 지구 소멸을 초래할 요인이 많다는 사실을 지적하고 있다.

　《사이언스 다이제스트》가 특집으로 다룬, '지구의 소멸을 초래할 13가지 요인'을 간추려 보면 다음과 같다.

레드 선(Red sun)

태양이 금성 궤도까지 팽창하면서 거대한 불덩이로 변화함으로써 지구상의 모든 생물의 혈액과 수액이 끓게 되는 현상이 일어나게 된다. 또 많은 별이 초신성(超新星)으로 변해 내부 온도가 1천억 도나 되었다가 폭발과 연쇄 충돌 현상을 일으켜 우주의 대혼란극이 전개될 것이다.

조석(潮汐)

달과 지구의 주기 차이로 인해 일어나는 밀물과 썰물이 태양의 영향을 받게 된다. 그 결과 달은 지구에 6천 마일까지 접근하게 되어 24시간 50분마다 지구 주위를 돌던 것이 90분마다 돌게 됨으로써 높이 수백 피드의 조파(潮波: 밀물 파도)를 일으켜 지구를 삼킬 것이다.

행성 직렬(行星 直列)

J·D·그리빈, S·H·프레지만 등이 쓴 책에도 있는 여러 개의 행성이 일렬로 늘어서 지구를 위협하며 뒤흔들 것이라는 주장이다.

소혹성(小惑星)

소혹성의 내습, 1968년에 '아카루스'라는 혹성이 지구를 스쳐 갔고, 이보다 앞서 '허미즈'라는 혹성도 50만 마일까지 접근한 적이 있었다. 이러한 혹성이 지구와 충돌한다면 깊이 50마일, 너비 40~50마일의 분화구가 생기며 해안에서는 산더미 같은 높이의 큰 해일이 일어나는 등 지구에 막대한 피해를 주게 된다.

혜성(彗星)

혜성과의 충돌도 엄청난 피해가 있을 것이라는 주장이다.

행성(行星)의 추락

정상 궤도를 돌던 행성이 어느 날 갑자기 궤도를 이탈할 경우 무서운 충돌을 예상할 수 있다.

별들의 곡예

별끼리의 충돌 가능성과 함께 별들이 어떤 곡예를 부릴지 모르는 공포의 대상임에는 틀림이 없다는 주장이다.

블랙홀(Black Hole)

블랙홀은 밀도가 무한대여서 중력장이 너무 강하기 때문에 광선을 비롯한 주위의 별들을 흡수해 버리는 무서운 존재이다. 만약에 이 블랙홀이 지구로 접근해 온다면 틀림없이 행성 궤도에 엄청난 혼란을 초래할 것이다.

초신성(超新星)

여기에서 나오는 우주선(宇宙線)은 지구에 치명적인 타격을 줄 것이다. 어떤 과학자는 이미 이러한 현상이 진행되고 있다고 주장하기도 한다.

반물질(反物質, 앤티 매터)

이것은 보통 물질의 정반대 개념으로 외부에서 지구로 접근하면 에너지는 2배로 증가하여 양쪽 모두 폭발해 버리고 만다.

에어러 솔

세계적으로 널리 쓰여 논란이 되고 규제를 하고 있는 것으로 에어러 솔에서 분사제로 사용하는 불화탄소는 성층권에서 염소가 유리되며, 이 염소가 강력한 자외선으로부터 지구를 보호하는 오존층을 파괴시킨다. 또 초음속 항공기에서 나오는 산화질소도 오존층을 파괴시키고 있다.

미생물

인공위성이나 우주인들이 묻혀 온 외계 미생물들이

지구의 생물에 막대한 피해를 줄 것이다.

핵무기

  강대국 등 세계 여러 나라가 보유하고 있는 핵무기들은 지구의 소멸을 재촉하는 큰 요인이 되고 있다.

※ 이외에도 지구 근처에 수많은 소행성이 존재하기 때문에 지구와 충돌할 가능성을 배제할 수 없다. 지름 100m 정도의 소행성은 10만여 개이고, 100m 이상인 것은 1,000~2,000여 개나 있으며 이들의 변동 상황 등이 어떻게 될지 대부분 확인되지 않은 상태라는 것이다.

  한편 지름 1km 이상의 소행성이 지구와 충돌하게 된다면, 티엔티(TNT) 10만 메가톤으로 현존하는 모든 핵무기의 에너지를 합친 것보다 큰 파괴력이 있어, 인류와 인류의 문명을 절멸시킬 수 있음은 물론, 지구 자체의 존망에도 큰 위협을 줄 수 있다는 것이다.

  특히 소행성이 지구와 충돌하여 인류에게 재앙을 몰고 올 수 있다고 유엔(UN) 산하 기구의 관측이 나왔다.

  2005년 2월 21일부터 동년 3월 4일까지 오스트리아 빈에서 열린 유엔(UN) 우주의 평화적 이용 위원회 (COPUOS) 과학기술 소위원회에서 이탈리아에 본부를 둔 우주 방위 재단의 안드레아 카루시 회장은 지름 320m 크기의 소행성이 2035년 4월 14일과 2036년 4월 13일, 2037년 4월 13일 지구에 접근, 충돌할 가능성이 있는 것으로 관측됐다고 밝혔다.

  핵폭탄보다 더 강력한 소행성의 충돌 등 위험에 노출되어 있는 지구!
  인류의 참담한 재앙이 어느 때 닥쳐올지 모르는 상황임에도 불구하고 일부 과학자 등 극소수인을 제외하고는 대부분의 세인은 관심조차 없으니 참으로 안타까운 일이다.

☆ 지구가 한순간 혜성을 비롯한 다른 천체와의 대충돌로 산산조각이 난다거나, 블랙홀(Black Hole)로 빨려 들어간다면 존재함이 없어지게 되므로 생멸(生滅, 생겨남과 없어짐)이 없게 된다.
  따라서 삶과 죽음도 현세와 내세도 없게 되고 만다. 그러므로 이른바 신(神)과 마귀, 천당과 지옥이란 구실이고 업보와 윤회는 방편이었음을 숙고하고 깨달아야 한다.

  이른바, 신(神)에 묶인 낡은 종교 틀에 갇혀 있으면, 인류는 더 열리지 못하고 더 큰 세계, 더 큰 우주로 나아갈 수 없게 된다.

인류는 생존과 더 나은 삶을 위하여 끊임없이 이동하면서 살아왔다.

척박하고 황폐한 곳이나 악천후, 천재지변이 있거나 있을 것으로 우려되는 곳에서는 살아가기 어렵기 때문에 그곳을 피하고 떠나서 안전하고 살기 좋은 곳을 찾아 이주해야 하듯, 생존 여건이 불확실하고 위험이 상존하고 있는 지구를 떠나서 살기 좋은 외계 천체를 찾아서 이주하고자 함은 당연한 것이다.

인류는 살기 좋은 다른 천체로 이주하지 않으면 절멸되고 말 것이다.
반드시 새로운 활로를 개척해야 한다.

인류의 희망은 행복이 보장된 신천 세계에서 건전하고 행복한 삶을 누리고자 함이다.

인류에게 닥쳐올 재앙은 언제 어느 때 닥쳐올지 모른다. 혜성 등의 대충돌, 핵전쟁, 기후 변화로 인한 폭염,

혹한, 가뭄, 홍수, 식량 부족 현상, 악성 전염병의 창궐, 변종 바이러스 확산, 대지진, 다발성 정신병자들의 횡포와 반란, 종교 전쟁, 인구 폭발, 인구 급감 현상, 경제 파국, 실업난, 취업난, 플라스틱 등 쓰레기 폭증 현상, 인공지능(AI)의 반란, 악종 외계인들의 침공 등등…….

이러한 재앙들로 인해 참혹해질 인류는 하루속히 이를 막아 낼 방도를 전 인류적으로 협의하고 효과적 대책을 강구해야 할 것이다.

호킹의 경고, "섭씨 460도 고온 속 황산비, 그날이 오기 전 지구를 떠나라."

"인류가 멸망하지 않으려면, 향후 200년 안에 지구를 떠나야 한다."

영국의 천재 물리학자 스티븐 호킹 박사가 지난 2018년 3월 14일 76세의 일기로 세상을 떠나기 수개월 전 언론에 남긴 말이다.

그는 한국의 정재승 KAIST 물리학과 교수의 표현처럼 우주 속 원자들로 돌아가 어딘가 있을 블랙홀 안에서 안식하고 있을 수 있겠지만, 그가 생전 인류를 향해 남긴 경고와 예언들은 사후에 더욱 회자되고 있다.

영국의 BBC 방송 등 주요 외신들은 호킹의 사망 소식과 함께 평소 호킹이 이르면 앞으로 수십 년 뒤 인류에게 다가올 거대한 도전과 외부의 위협에 대해 강조해 왔다고 보도했다.

호킹은 인류가 외계 행성에 영구 거주할 수 있도록 지금 준비에 나서야 한다고 말해 왔다. 인류라는 존재는

머지않아 멸종에 가까운 대재앙의 희생물이 될 것으로
판단했기 때문이다.

대표적 예가 소행성의 충돌 같은 것이지만, 호킹 박사
는 이 외에도 인공지능(AI)과 기후 변화, 핵전쟁, 변종 바
이러스, 인구 폭발 등도 잠재적 위협이 될 것으로 봤다.

기후 변화는 호킹이 말하는 인류 종말의 대표적 원인
중 하나다. 그는 특히 지구 온난화의 위험을 되돌릴 수
없게 되는 '티핑 포인트(Tipping Point)'에 대해 두려움을
표했다. 이 때문에 미국의 파리 기후 협약 탈퇴 결정에
대해 깊은 우려를 표시했다.

그는 "인류가 지구 온난화를 되돌릴 수 없는 시점에
가까이 와 있다. 때가 되면 지구는 섭씨 460도의 고온
속에 황산비가 내리는 금성처럼 변할 수 있다."라고 말
했다.

호킹은 인공 지능의 발전이 아주 유용하며 앞으로 인
류에 크게 기여할 수 있겠지만, 인간의 능력을 넘어서는
순간에 이르면 인류의 종말을 불러일으킬 정도로 위험
성이 크다고 경고했다.

호킹의 이런 생각에 대해 적지 않은 학자는 철 지난 공상 과학 소설(SF) 같은 얘기로 일축하기도 한다. 하지만, 미국의 저명한 경제학자 겸 미래학자 제러미 리프킨도 그의 저서 《노동의 종말(1996)》에서 이미 자동화가 인류의 일자리를 빼앗을 것이라고 예언한 바 있다.

호킹은 우주 어딘가에 있을 지적 존재의 신호를 포착하려고 하는 미국 세티(SETTI) 연구소와 같은 과학자들의 시도에 대해서도 우려를 표시했다.

호킹의 예언과 경고에 대해서는 찬반이 엇갈리지만, 이미 그의 말을 행동으로 옮기는 이들도 생겨나고 있다. 스페이스 X의 최고 경영자(CEO) 일론 머스크가 대표적이다. 실현 가능성과는 별개로 일론 머스크는 2024년을 '화성 이주'의 목표로, 로켓 개발과 우주 탐사에 박차를 가하고 있다.

그는 "인류가 멸종할 정도의 대재앙은 불가피해 보일 뿐만 아니라, 그 시점은 갈수록 점점 더 빨라지고 있다. 인류가 외계로 뻗어 나가지 못한다면, 멸종할 위험이 크다."라고 말했다.

지어낸 신(神)을 믿지 말자

지어낸 신(神)을 믿지 말자!

인류는 효과 없는 지어낸 신(神)에게 구원을 갈구(渴求)하지 말고, 깨우쳐 인간의 지혜를 모아서 지구적 난국 해결에 총력을 기울여야 할 것이다.

'파스칼'은 "인간은 생각하는 갈대다."라고 말하였다. 생각하는 것만으로는 안 된다. 거기에서 지혜가 생겨나고, 지혜는 적극적 행동으로 나타나서 인류의 내일에 보탬이 되어야 한다.

지혜란 그 사람이 이미 알고 있는 지식의 새로운 결함을 발견하는 것이다.

인류의 본질은 지혜에 있다. 힘으로 말하면 곰이나 코끼리를 당하지 못하고 달리기로 말하면 사냥개나 말이 훨씬 빠르다. 기억력조차 다른 동물에 비해 월등히 나은지는 의문이다.

이 연약한 인간이 지상에 문명을 구축할 수 있었던 것은 오직 이 지혜에 의존했다는 것을 재확인할 필요가 있다.

오늘날 제반 지구적 악조건이 상존해 있고, 인류의 참담한 재앙이 어느 때 닥쳐올지 모르는 처지임에도 수많은 인류는 지어낸 신(神)에게만 매달려 구원을 바라고 간절히 기도만을 일삼고 있으니 참으로 한심하다.

앞에서도 밝힌, 인류의 멸망 요인은 많다. 특히 지구가 한순간 혜성을 비롯한 다른 천체와의 대충돌로 산산조각이 난다거나, 블랙홀(Black Hole)로 빨려 들어간다면 존재함이 없어지게 되므로 생멸(生滅, 생겨남과 없어짐)이 없게 된다.

따라서 삶과 죽음도 현세와 내세도 없게 되고 만다. 그러므로 이른바 신(神)과 마귀, 천당과 지옥이란 구실이고 업보와 윤회는 방편이었음을 숙고하고 깨달아야 한다.

이른바, 신(神)에 묶인 낡은 종교 틀에 갇혀 있으면, 인류는 더 열리지 못하고 더 큰 세계, 더 큰 우주로 나아갈 수 없게 된다.

인류는 살기 좋은 다른 천체로 이주하지 않으면 절멸되고 말 것이다. 반드시 새로운 활로를 개척해야 한다.

인류의 희망은 행복이 보장된 신천 세계에서 건전하고 행복한 삶을 누리고자 함이다.

숙고 대략 3(熟考大略 三)

미국은 분명 이 지구상에서 가장 기독교가 성행되고 있는 국가이다.

동시에 미국은 전 세계적으로 가장 높은 범죄율을 기록하고 있는 나라이기도 하다.

반면에 국민의 10퍼센트 미만이 정기적으로 예배에 참석하는 유럽 국가들의 범죄율은 미국에 비해 지극히 미미하다.

이와 마찬가지로 일인당 자선 기부금은 기독교인이 많은 미국보다 세속적인 유럽 국가들이 훨씬 많다.

그러므로 어느 한 국가의 종교적 열정과 윤리적 행위 사이에는 전도된 상관관계가 있는 것으로 보인다.

십계명을 자세히 살펴보면, 놀랍게도 그 열 가지 중에서 살인, 절도, 거짓 증언만이 타인에 대한 비윤리적 대우를 금지하고 있다. 십계명의 대부분은 안식일 준수,

우상 숭배 금지, 다른 신을 섬기지 말 것, 주님의 이름을 헛되이 하지 말 것 등과 같이 단순히 종교 의식에서 허용된 방식들을 규정하고 있다.

개신교 근본주의자들은 비기독교인들이 기독교인들에 비해 도덕적이지 않은 것이 당연하다고 믿고 있다. 이러한 사고방식이 불가피하게 편협과 편견 그리고 이른바, 성전(聖戰)으로 이어지는 것이다.

피로 물든 기독교의 역사는 객관적인 사람들로 하여금 종교, 특히 기독교가 전반적으로 인류에 대한 도덕적 혐오감을 갖고 있다는 결론에 이르게 한다.

십자군 전쟁, 종교 재판, 마녀사냥, 이교도에 대한 고문 등은 모두 '기독교 신'의 이름을 내걸고 자행된 일이다.

역사적으로 무신론에서 비롯된 것보다 기독교의 이름으로 처형된 사람들이 훨씬 더 많다는 것은 논쟁의 여지가 없다.

기독교 교회는 1,500년 동안 전 유럽에 걸쳐 고문실을 조직적으로 운영했다. 고문은 예외적인 일이 아니라, 그 자체로 법칙이었던 것이다.

기독교 역사상 이른바 성서 다음으로 영향력이 있었으며 가장 받들어 모셨던 책은 《마녀들의 망치(MALLEUS MALEFICARUM, Hammer of Witches)》로, '마녀'와 '마법사'를 고문하는 방법을 단계별로 제시해 놓은 지침서였다. 유럽의 기독교 교회에서는 매해 수천 명을 고문하여 죽음에 이르게 했고, 그중에는 두 살밖에 안 된 어린아이도 있었다.

고문 도구를 처음 사용할 때는 반드시 사제들의 축복을 받아야 한다는 것이 유일한 제한이었다.

대부분의 미국인은 마녀사냥이 식민지 시대의 뉴잉글랜드에서 아주 짧은 기간에만 벌어졌던 일이라고 생각하지만, 사실 그 마녀사냥은 유럽 전체에서 무려 1,500년 동안 끔찍하게 자행되다가 식민지인 미국에서 끝났던 것이다.

오늘날 기독교인들은 거의 매주 교회에서 같은 기독교인 친구들과 서로 악수를 나누며 '신의 가호'를 기원하고, 잔잔한 찬송가와 감동적인 설교를 듣고, '신의 말씀과 평화'를 가슴 깊이 새긴 채 귀가를 하고 있다.

현재의 기독교 교회가 비교적 교양 있는 태도로 처신

하고 있기 때문에, 이 종교가 언제나 선한 것을 지향하며 온화한 영향력을 발휘해 온 듯한 잘못된 인식이 만들어졌다. 하지만 전혀 그렇지 않다.

'마녀'를 근절하기 위한 대대적인 사냥은 제쳐 놓더라도, 기독교 교회는 역사적으로 과학의 발달을 방해하기 위해 엄청난 투쟁을 벌여 왔으며, 오늘날에도 그렇게 하여 왔다.

잘 알다시피, 갈릴레오는 목성의 위성들을 관측하기 위해 '망원경'을 개량해 사용했다는 이유로 교회로부터 사형을 받을 뻔했다. 더 나아가, 교회는 '성령이 깃든 신전'을 모욕한다는 이유로 수 세기 동안 인체 해부를 금지했다. 그로 인해 거의 천 년 동안 의학 발전을 이루지 못하였다. 그러므로 역사학자들이 '암흑시대'라고 부르는 그 시기에 기독교가 가장 오랫동안 승승장구하여 영향력을 행사했던 것은 결코 우연이 아니다.

고대 그리스인과 이집트인들은 과학적으로 놀라운 발견들을 해냈으며 매우 상세한 과학적 분석을 책으로 남겨 놓았지만, 훗날 기독교 교회는 그것들을 폐기하고 수 세기 동안 출간을 금지시켰다.

기독교 광신자 무리는 이집트 알렉산드리아에 있던 고대의 위대한 도서관을 송두리째 불태워 버리기도 했다.

그 후 르네상스 시대의 학자들이 종교의 족쇄로부터 유럽을 해방시키고, 그러한 과학적 성과들이 다시 조명되기까지 1,500년이라는 시간이 필요했다.

과학에 대한 종교의 박해와 억압이 없었다면 인류는 A.D. 650년에 이미 달에 착륙할 수도 있었을 것이다. 또한 암은 A.D. 800년에 이미 영원히 박멸되었을 것이다.

그리고 오늘날의 심장 질환, 신장 질환 등을 위한 장기 이식은 전혀 문제가 되지 않았을 것이다.

하지만 기독교는 그리스와 이집트 사람들이 이루어 낸 과학적 성과들을 깊은 동면에 빠뜨렸다.

역사적으로 교회는 새로운 과학적 진보에 맞서 악의에 찬 싸움을 벌여 왔다.

하지만 일단 새로운 과학적 성과들을 비난한 후 원했던 효과를 얻지 못하면 쉽게 태도를 바꿔 새로운 발견들을 '신이 인류에게 준 선물'로 받아들인다.

가톨릭 성직자들은 인쇄 기계의 발명조차 반대하였다.

대량 생산된 이른바 성서가 '신의 말씀'을 잘못 해석하거나 비판할 수 있는 사람들의 손에 들어갈 수 있기 때문이었다. 인쇄 기계가 발명되기 전에는 가톨릭 사제들만이 이른바 성서를 읽고 해석할 수 있었다.

교회는 약물과 항생제, 마취, 외과 수술, 수혈, 산아 제한, 장기 이식, 시험관 수정 그리고 진정제의 사용을 격렬하게 공격했다.

이러한 과학적 도구들은 자연을 거스르는 것이고, 신의 뜻과 다르다는 것이었다. 오늘날 교회는 줄기세포 연구와 복제 기술 그리고 유전 공학과 다툼을 벌이고 있다.

하지만 복제 연구소가 죽어 가는 어린이들에게 무제한으로 세포를 이식해 주고 유전 공학이 모든 종류의 암을 다 치유할 수 있게 되면, 교회의 지도자들은 또다시 애초에 반대했던 것을 잊고선 이러한 성과들이 인류에 대한 신의 사랑을 증명한다면서 할렐루야(Hallelujah, '신을 찬양하라'의 뜻으로, 신에게 감사하거나 기쁨을 나타낼 때 쓰는 말)를 외치면서 환호할 것이다.

오늘날에는 과학이 널리 보급되었지만, 역사 기록을 보면 기독교는 끊임없이 과학 연구를 방해해 왔으며, 과학적 방식을 옹호하는 사람들을 고문하고 사형하기까지 했다.

교육 체계를 극적으로 개선하지 않는다면, 과학에 대한 무지(無知)가 다시 한번 널리 퍼지게 될 것은 불 보듯 뻔한 사실이다. 과격한 보수 근본주의자들이 정부를 장악한다면 분서(焚書)와 마녀사냥을 다시 부활하려 할 것이다.

한 500년 후에 과학계에서는 지구가 둥근지 평평한지를 놓고 열띤 토론을 벌일 수도 있을 것이다. 이처럼 말도 안 되는 시나리오가 현실성은 없어 보이지만, 전혀 불가능한 일도 아니다.

※ 참고로, 2011년 2월 미국의 시사 주간지 《타임》은 표지에 다음의 제목을 달았다.

"2045년, 인간이 죽지 않고 영원히 살게 되는 해"

물론 이는 사이비 종교나 특정 종교에서 이야기하는 영생을 얻는 시기에 대한 이야기가 아니다.
과학과 인간의 이야기이다.
길게 잡아 2045년에는 유전 과학과 나노 과학 그리고 로봇 기술의 발달로 인간의 강화가 가속되어 현재 인간인 호모 사피엔스(Homo Sapiens)의 한계인 노화와 죽음을 과학 기술로 극복한 죽지 않는 로봇과 인간의 복합 형태인 호모 에볼루티스(Homo Evolutis)라는 새로운 인류가 탄생할 것이라는 예측이다.

죽지 않고 영원히 살게 된다면 더 이상 생명이나 인간이라고 말할 수 있을지 모르겠으나 이것이 생명 과학을 비롯한 과학 기술의 발달과 함께 우리가 직면하고 있는 미래라는 것이다!

죽은 자가 부활한다는 허황된 목소리가 아니라 오직 살아 있는 인간, 과학 기술의 승리로 미래 신인간 탄생의 이야기인 것이다.

역사적으로 원시인은 관찰된 현상을 과학적으로 이해할 수 없을 때마다 지적인 공백을 메우기 위해 '틈새의 신'을 창조해 냈다.

천문학에 대해서 아는 것이 없었던 선원은 일식(日蝕)을 전지전능한 자가 자기에게 보내는 신호라고 제멋대로 해석을 할 수도 있고,

바이러스(Virus, 보통의 현미경으로는 볼 수 없을 정도로 매우 작은

미생물, 감기, 천연두 따위의 병원체임)와 미생물이 있다는 것을 몰랐던 어머니는 딸의 병이 신(혹은 악마)의 노여움 탓이라고 생각할 수도 있을 것이다.

토양 화학에 대해 전혀 몰랐던 14세기의 농부는 가족이 죄를 지었기 때문에 농사를 망쳤다고 생각할 수도 있었을 것이다.

생물학적 진화를 몰랐던 중세의 사람들은 인체의 해부학적 구조를 신성한 창조의 증거로 생각할 수도 있었을 것이다.

과학적 이해의 틈새가 크면 클수록, 기적을 일으키는 '틈새의 신'에 대한 역사적 필요성도 더 커졌다.

비는 왜 내리는 걸까? 신이 비를 내린다. 바람은 왜 부는 걸까? 신이 바람을 일으킨다. 하늘은 왜 파란색일까? 신이 하늘을 파랗게 만들었다. 태양은 왜 빛나는 걸까? 신이 태양을 빛나도록 만들었다. 위의 질문들에는 모두 정확한 과학적 해답이 있다. 그러나 르네상스 이전의 인간은 미신이 이성적 사고보다 중요하던 시대를 살았으며, 과학적인 설명을 제시하는 사람들은 종종 종교 당국에 의해 죽음에 이를 정도의 고문을 당해야 했다.

갈릴레오는 개량된 망원경으로 목성의 위성들이 예수

의 출생지이며 우주 궤도의 중심축인 지구가 아니라 목성의 궤도를 돌고 있다는 것을 관찰했다는 이유로 가톨릭교회로부터 사형 선고를 받았지만 가까스로 집행만은 면하게 되었다.

기록된 역사 전반에 걸쳐, 신은 어디에나 힘으로 등장하며 인간사의 가장 세세한 부분까지 깊게 관여하고 있다.

그러나 지난 50~60년 동안 창조론자들은 우주와 지구에서 일어나는 모든 사건에 신이 직접 개입한다는 자신들의 역사적인 입장을 포기하였다.

《뉴욕 타임스(NYT)》에서 발표한 여론 조사에 따르면 (2003년 8월 15일), 미국인 중 40~58퍼센트가 도덕적이기 위해서는 신을 믿는 것이 필요하다고 생각한다고 한다.

반면에 유럽인들은 오직 13퍼센트만이 미국인들의 생각과 같았다. 또한 같은 여론 조사에서 성모 마리아의 처녀 수태설을 믿는 미국인(83퍼센트)이 진화론을 믿는 미국인(28퍼센트)에 비해 세 배나 더 많다고 했다.

– 불가능할 정도로 나이가 많은 사람들 –

아담은 모두 930년을 살고 죽었다. (창세기 5:5)

므두셀라는 모두 969년을 살고 죽었다. (창세기 5:27)

노아는 모두 950년을 살고 죽었다. (창세기 9:29)

– 유니콘(Unicorn, 외뿔 들소)의 존재 –

유니콘이 네 일을 거들어 주겠느냐? 유니콘이 네 외양간에서 잠을 자겠느냐? 네가 유니콘에게 쟁기를 내어주어서, 밭을 갈게 할 수 있느냐? 유니콘들이 네 말을따라서 밭을 갈겠느냐? (욥기 39:9~10)

사자의 입에서 나를 구하여 주십시오. 유니콘의 뿔에서 나를 구하여 주십시오. (시편 22:21)

유니콘은 민수기 23장 22절과 24장 8절, 시편 29장 6절과 2장 10절, 신명기 33장 17절 그리고 이사야서 34장 7절에 실제로 존재했던 것처럼 나타난다.

– 마녀들의 존재 –

마녀는 살려 두어서는 안 된다. (출애굽기 22:18)

마녀와 마법사들은 사무엘기상 15장 23절, 열왕기하 21장 6절, 그리고 레위기 19장 31절에서도 언급된다. 다른 내용들 중에서 또 이 구절들은 '마녀들'의 화형을 정당화하기 위해 기독교인들이 지난 몇 세기 동안 인용해 온 것이다. 겨우 두 살밖에 안 된 여자아이를 포함해서 수십만 명의 무고한 여성이 '마녀'는 생명도 거두어들이라는 이른바 성서의 명령에 따르는 열성적인 신도들에 의해 일상적으로 고문을 받아 죽었다.

– 용들의 존재 –

그곳은 용들의 거처가 되고, 올빼미들의 집이 될 것이다. (이사야서 34:13)

사자 새끼와 용을 짓이기고 다닐 것이다. (시편 91:13)

신화적인 용이 시편 74장 13절과 신명기 32장 33절 그리고 미가서 1장 8절을 포함한 12군데가 넘는 곳에서 실제 존재하는 것으로 묘사되어 있다.

이른바 성서 속에는 이 외에도, 쳐다보기만 해도 적을 죽일 수 있는, 공작의 알을 깨고 나온 뱀 코카트리스(이사야서 11:8), 반은 사람이고 반은 염소이거나 말인 생명체, 사티로스(이사야서 13:21), 불뱀(신명기 8:15), 그리고 날아다니는 불뱀(이사야서 30:6)과 같은 공상 속의 생명체에 대한 언급이 무수히 많다.

이른바 성경을 읽다 보면, 너무도 황당한 어구가 많다. 사람들을 겁주거나 끌어당기는 방법치고는 참으로 유치하고 어리석은 짓들이다.

도킨스, "생물학적 진화 아닌 문화적 진화, 그게 인류의 미래"

외부 재앙에 인류가 멸망하지는 않겠지만
동식물 감소 등 내부 위험이 문제

AI 로봇, 인류를 파괴할 씨앗이 될 수도
인간의 뇌는 더 이상 커지지는 않을 것

Richard Dawkins

1941년 케냐 나이로비에서 태어난 영국의 진화 생물학자 도킨스가 35세에 쓴 《이기적 유전자》를 필두로 《확장된 표현형》,《만들어진 신》 등으로 과학계, 종교계 논쟁의 한복판에 섰다.

2013년 《프로스텍트》가 전 세계 100여 개국 독자를 대상으로 실시한 '세계 최고의 지성' 투표에서 1위를 차지한 그는 옥스퍼드대학교에서 교수, 석좌 교수를 거쳐 현재는 명예교수로 있다.

신과 종교를 부정하고, 모든 생명체를 유전자의 생존 기계로 간주한 현대 과학의 문제적 인물 '리처드 도킨스'가 처음으로 한국을 찾았다.

그는 《이기적 유전자》, 《만들어진 신》 등 다윈의 진화론을 유전자 단위에서 정밀하게 입증하면서도 문화적 상상력을 발휘해 대중의 호응을 끌어낸 진화생물학자다.

종교계 및 동료 과학자와의 치열한 논쟁을 마다하지 않는 전투적 무신론자이자 독설가로도 한 시대를 풍미해 왔다.

이번 내한에서 그가 꺼낸 화두는 진화의 다음 단계는 무엇인가이다. 그는 진화론적 관점에서 인류의 미래를 예측하면서도 특유의 통찰력으로 과학 기술의 위험을 경고했다.

◆ **인류는 멸종할까** = 지구의 숱한 생명체가 사라져 왔다. 인류라고 예외일까. 인간의 근원적 불안감에 대해 도킨스는 '생존 지속' 쪽에 무게를 뒀다. 그는 공룡을 예로 들며, "6500만 년 전 혜성과의 갑작스러운 충돌로 수백만 개의 원자탄이 터지는 듯한 충격이 공룡을 소멸시

켰다."라고 분석했다.

반면에 일정 수준의 기술 발전을 이룩한 현존의 인류는 그 같은 재앙이 닥쳐도 땅을 파고 벙커 속으로 들어가 연명하거나, 아예 화성으로 이주할 가능성이 있다고 내다봤다. 또한 "공룡을 멸종시켰던 유성의 방향을 예측해 충돌을 미리 방지하거나 로켓 등을 쏘아 궤도 자체를 수정할 수도 있다."라고 진단했다. 다만 진정한 위기는 외부가 아닌 내부에서 비롯될지 모른다고 우려했다.

도킨스는 또한 지구촌 생태계 동식물의 다양성 감소가 급격하게 진행 중이라고 했다.

◆ **인류는 어떻게 진화할까** = 도킨스의 원리는 '방사진화론'이다. 진화가 일직선상으로 진행되지 않고, 지리적 격리 등으로 독립적으로 진행되지만 결과는 비슷하다는 점에서 패턴화된 진화의 방향이 있다는 주장이다. 그렇다면 인류의 미래상은 어떨까.

도킨스는 뇌에 주목했다.
우선 오스트랄로피테쿠스부터 현재까지 300만 년 동안 계속 뇌는 커졌다고 전제했다. 하지만 앞으로는 커지지 않을 것이라고 예측했다.

큰 뇌가 생존과 번식에 더 이상 유효한 도구가 아니라는 진단이다.

아이를 많이 낳는 것을 장려하는 특정 종교에서 보듯 문화적 이유가 진화의 주요 요인이 될 것이라고 전망했다.

그는 문화적, 기술적 진화가 생물학적 진화보다 인류를 지배할 것이라고 확신했다.

"자동차, 컴퓨터를 보라. 생물학적 진화보다 수백만 배나 빠르다. 문화적 진화에 자연 선택 법칙이 적용되기 어렵다. 서로 영향을 주겠지만 생물학적 진화가 문화적, 기술적 진화를 따라갈 것이다. 향후 인간의 진화는 문화적 진화다."

도킨스는 단언한다.

◆ **로봇이 인류를 대체할까** = 그럼 과학 기술의 진화가 과연 장밋빛일까. 도킨스는 인공 지능(AI)을 언급하며 앞으로 로봇이 이 강연장에서 실리콘과 탄소 기반 시대에 대해 논할지 모른다고 말했다. 또한 로봇이 인간의 지위를 위협할 지경이고 우리는 지금 자기 파괴의 씨를

뿌리고 있는 건 아닌지 돌아볼 때라고 꼬집었다. 그럼에도 낙관적 시선을 놓지 않았다.

도킨스는 노예제 폐지, 여성 참정권 확대를 수 세기가 지나 되돌아보면 역사의 바퀴는 긍정적 방향으로 나아가고 있다며 과학을 통해 우주와 세상을 이해하는 인간인 우리는 자부심을 가져야 한다고 했다.

그리고 가장 중요한 것은 '질문을 멈추지 않는 것'이라고 강조하였다.

숙고 대략 4(熟考大略 四)

태초에 어둠에서 빛이 생겼고
생각과 지각이 열렸다.

생각과 지각이 열려야 모든 것을 알 수 있기에 그렇다.

여기에 내가 알고 또 숙고한 것을 그때그때 틈나는 대로 특별히 연계나 순서 없이 될수록 간단, 간결한 필치로 여과 없이 간추려 써 온 것을 그대로 옮겨 놓으니 참고하기 바란다.

사람은 저마다 독특하고 또 위대한 존재이다.

인간은 우주적 존재이다.

우리 인간은 무한한 가능성이 있다.

1) 하나

우주는 우연과 필연의 관계적, 교호적(交互的) 작용에 의해서 생성되고, 또 수많은 은하 군단이 넓게 퍼져 있다.

1992년 외계 행성 첫 발견 후 현재까지 5,009개를 찾아냈다. 우리 자신을 만들어 낸 것은 우주 먼지에 섞여 있던 원자들이며 우리는 거듭되는 돌연변이와 함께 진보, 진화로 이루어진 존재이다. 이른바 신이 있어 우리를 만들어 낸 것이 아니다.

우주는 광대무변하여 견줄 것이 없고 어느 곳에도 예속되어 있지 않다.

우리의 생각과 상상력, 창의력과 창조력, 진보와 진화도 우주처럼 광대무변하여 견줄 것이 없고 어느 곳에도 예속되어 있지 않다.

온갖 얽매임에서 벗어나 대우주를 지득하고 채득하여 대자유를 얻자!

우리는 우리 조상들이 지어낸 이른바 신에 예속된 창조물도 아니고 그 신의 아들이라고 사칭한 자를 섬기는 종도 아니다.

우리는 창조, 창의하고 발명, 발견하며 진보, 진화를 거듭하면서 오로지 새로운 활로를 열고 성취와 완생(完生)을 이루고자 매진하는 자들이다.

우리 인간은 무한한 가능성이 있다.

내가 우주를 위해 있지 않고, 우주가 나를 위해 있다. 그러므로 나를 위하여 있는 모든 유용한 것을 소중하게 여기고 잘 보살펴야 하며 자연은 보호도 하고 활용도 해야 한다.

깨친 자는 생명의 양육과 성장을 인도하는 자이며, 소중한 생명을 잘 보존하고 보전하는 자이다.

생명, 생존 생계는 가장 중요한 것으로 모든 것에 우선되어야 하고, 인간의 생명은 존중되고 보호되어야 한다.

누구도 내 생명, 내 삶을 대신할 수 없고, 내 생명, 내

삶은 가장 소중한 것이다.

양심과 올바른 자유는 모두의 특권이어야 한다.

삶이 비록 고생이고 고행일지라도 인류는 고난 속에서도 꾸준히 새로운 진리 탐구를 하면서 새로운 발견, 발명을 하고 성취와 완성을 향한 길을 가고 있으며 우리는 이를 위하여 창의, 창조하고 진보, 진화하는 과정에 놓여 있다.

우리의 생애는 단 한 번의 삶이고 단 한 번의 기회이다.

오늘에 충실하고 내일을 준비하자!

지금 살고 있는 삶이 가장 소중한 삶이다.

현시점의 만남은 다시 오지 않는다.

앞으로의 삶을 단정할 수 없고 예측하기도 어려운 것이 인생사이다.

누구에게나 오늘은 한 번이다.

오늘이 생의 마지막 날일 수도 있다. 그러므로 오늘이 가장 소중한 날이다. 오늘은 다시 오지 않는다. 태어남은 순서가 있지만 죽음에는 순서가 없다. 순간순간이 소중한 삶이다. 헛일에 삶을 낭비(시간, 돈, 물건, 노력 따위를 헛되이 씀)하지 말자.

인생은 유한함을 인식하고, 때때로 사색하고 각성하고 성찰하는 시간을 가지도록 하자!

지금 깨어 있으라!
지금 깨어 있지 않으면 모든 것이 허사가 될 수 있다.

기존의 그릇된 고정관념에 얽매이지 말고 사고(思考)의 영역을 넓혀서 나와 인류의 행복과 활로를 열자!

내가 나일 때 '나'이고 진리가 진리일 때 '진리'이다.

진리다운 참진리를 만나 지득(知得, 깨달아 얻음, 알게 됨)하는 것이 참되고 올바른 삶이 된다.

참되고 올바른 삶이란, 참되고 올바른 길을 찾는 것이고, 참되고 올바른 길을 찾는 것은 참되고 올바르게 깨닫기 위함이며, 참되고 올바른 깨달음은 참되고 올바른 성취와 완생(完生)을 이루기 위함이다.

태어나서 산다는 것은 성취와 완생을 향해 매진하는 것이다.

태어남은 대(代)를 이음이고, 대를 이음은 성취와 완생을 이루기 위함이다.

사람들은 보이는 대로 믿고 들은 대로 믿으려 한다.

모르는 만큼 모르고, 아는 만큼 안다.

보는 것만큼 알고, 들은 것만큼 안다.

보이는 만큼 보이고, 들리는 만큼 들린다.

생각한 만큼 생각하고, 인식한 것만큼 인식한다.

풀 수 없는 방법으로는 미래를 열 수 없다.

모든 것, 모든 관계는 변(變)하고 화(化)하기 마련이다.

우주에는 변하지 않는 것이 없다.

일정불변의 법칙은 존재하지 않는다.

따라서 우주의 삼라만상을 지배하는 변화에 대해서는 자연에 있어서나 과학에 있어서나 종교에 있어서나 인사에 있어서 등을 막론하고 순응하여 변화하는 것이다.

인류는 변화하며 발전, 향상하고 거듭된 진보, 진화하는 것을 믿어야 한다.

절대 가치란 없다!
절대 가치의 몰락을 인정하라!
신의 절대 가치를 삭제하라!

섣부른 지식이나 설(說, ① 견해, 주장 ② 학설 ③ 소문, 풍설 등), 몽매한 신앙과 불변한다는 유일신이 우리의 마음과 몸을 가두고 있음을 깨우쳐 알면 문이 열리고 길이 보일 것이다.

종교가 신앙도, 신앙의 대상도 아니고, 더구나 종교의 주제가 신(神, 귀신 신)이 아님을 깨우쳐 알면 참자유를 얻게 된다.

예수나 부처님은 특정한 종교를 만들라고 말하지 않았다.

따라서 예수도 기독교인이 아니고 부처님도 불교인이 아니었다.

독립과 자유는 필수이고 획득해야 하는 것이다.

독립과 자유는 본래적 갈망이고 고유 권리이다.

독립과 자유와 변화와 혁신과 새 가치 창출이 필요하다.

자기 자신의 주인 의식을 포기한 자는 독립과 자유를 얻지 못한다.

참독립과 참자유란 자기 스스로에서 비롯되는 것이다.

우주의 중심은 나 자신에 있다.

자기 인생의 주인공은 자기 자신이다.

세상은 인증되지 않은 주의, 주장이나 진정성 없는 구호나 낡고 고정된 서책을 인용한 설교로 바뀌는 것이 아니라, 올바른 생각과 사실에 입각한 진실과 쇄신과 개혁, 그리고 올바른 혁명과 변화, 더 나은 진보와 진화로 바뀌는 것이다.

인류에게 참된 희망과 정당한 용기를 주는 것은, 공허한 담론이나 그릇된 도그마(Dogma, 독단, 교의, 교리, 신조)에 갇힌 사고방식이 아니라, 새롭고 참된 생각, 새롭고 참된 깨달음, 새롭고 참된 교육, 새롭고 참된 가치 창출, 인류의 발전 향상에 유익한 창의력과 차별화된 독창성, 창조적이고 앞선 과학 기술, 인류의 발전과 번영에 유익한 발명과 발견, 정명한 원리, 올바른 혁신, 더 나은 진보와 진화 그리고 참되고 올바른 진리를 터득하는 것임을 깨달아 알아야 한다.

인류는 참다운 선구자, 개척자, 개혁자, 발명가, 발견자가 더욱 필요하고 이들을 기리고 찬양해야 한다.

낡은 지식과 경험의 틀 안에 갇혀 있기만 하면, 참나로 존재하기는 어렵게 된다.

자성하고 각성하여 기존의 그릇된 사고(思考)의 틀을 깨는 참용단이 있어야 문이 열린다.

나눠 주고 놓아주고, 버리고 비우고 잊어버리고, 자기를 낮추고서 틀린 생각을 바로잡으면 인생이 바뀐다.

현실을 바로 보고 잊었던 '참나'를 찾아 새로워져야 길이 보인다.

명상과 축기 호흡법 등 수련을 통해서 마음을 정화하고 심신을 단련하자!

누구나 실수가 있기 마련이고, 언제나 옳을 수 없음도 인지하자!

실수를 반복하지 않도록 조심하고, 그리고 옳을 수 있도록 숙고하고 노력하자! -

더 늦기 전에 현명해지고 참되고 올바른 길을 찾아 목표를 향해 정진하는 것이 삶의 요결이다.

모든 사람에게 내일은 새로운 것이다.

어제는 오늘과 다르고 오늘은 내일과 다르다. 어제의 나는 오늘의 내가 아니고, 오늘의 나는 내일의 내가 아닐 수 있다.

토끼의 뿔과 거북이 등의 털을 구하러 다니는 것은 예나 지금이나 어리석은 짓이다.

옛 성현들의 행적을 찾는다고 새로워질 수 없으며 근현대의 석학들을 만난다고 길이 열리는 것도 아니다.

전진자는 선현의 지론을 참고하는 것이지 거기에 머물지 않는다.

창조적인 사람들은 과거에 얽매이지 않고 도그마에 갇힌 노예가 되지 않는다.

나를 찾는 일이 중요하다.

백학이 한가로이 보인다고 백학이 한가로운 것만도 아니다.

보는 자의 시각과 지각에 따라 그렇게 보일 뿐이다.

미국의 심리학자 '제스 토로(Jose Tastrow)'의 도형에서
와 같이 보는 자의 시각에 따라서 오리로도 보이고 토
끼로도 보일 수 있다.

인간의 뇌와 눈은 착각, 착시에 이미 익숙해져 있으며,
때때로 가정으로만 생각하고 유추하는 오류를 안고 있다.

또한 인간의 선입견과 편견 그리고 오(誤, 그르칠 오, 그르
치다, 잘못되다, 틀리다)로 된 단어는 많다(오답, 오류, 오보, 오심,
오역, 오용, 오인, 오자, 오진, 오차, 오판, 오해, 과오, 착오 등등).

모든 현상은 객관성, 절대성만으로도 가늠하기 어렵다.
따라서 절대적인 진실을 찾아내기 어려운 벽이 있다.

거기 있어 그것을 만났고, 여기 있어 이것을 만났다.

2) 둘

인류는 성장과 성숙, 성과와 수확, 그리고 성취와 완성을 위하여 끊임없는 궁금증과 호기심, 개척과 개발, 창의와 창조, 도전과 모험을 감행하면서 살아왔다.

깨어 있는 호기심과 지속적인 연구, 노력이 인류를 더욱 발전시킨다.

한 사람의 과학자, 아이디어 맨(Idea Man)의 유익한 신물질 등의 발견, 발명, 의약품 개발 등 획기적 결실, 결과가 수천만~수억만 명을 살리고 한 시대를 바꿔 놓을 수도 있다.

따라서 획기적인 발명, 발견이 수조 원의 부를 이루어 낼 수 있다.

인류의 행복과 번영을 위하여 연구, 노력하고 추진하는 일에 동참하는 분들에게 경의와 찬사를 보내야 한다.

올바르고 유익한 상상력, 창의력, 창조력이 인류를 이끄는 끈이 된다.

인류는 자고이래로 줄곧 더 나은 삶을 위하여 성공과 성취의 꿈과 희망을 안고 활로를 찾아 모험과 도전을 감행하고 매진하여 왔다.

인류의 명제와 소망은 인간 개조와 신인류 창조, 그리고 올바른 자유와 행복이 보장된 신천 세계에서 건강하고 행복한 삶을 누리고자 함이며, 인류의 목적은 성취와 완생을 이루고자 함이다.

그러므로 반드시 개천(開天, 하늘을 연다)하여 새로운 활로를 찾아서 희망의 문을 열어야 한다. 우주로 향하는 인류의 꿈과 희망은 한계가 없다.

이른바, 신(神)에 묶인 낡은 종교 틀에 갇혀 있으면, 인류는 더 열리지 못하고 더 큰 세계, 더 큰 우주로 나아갈 수 없게 된다.

없는 길은 찾을 수 없는 것이며, 새 길을 내어야 한다.

이른바 신에게 수천 년 동안 간절히 기도하고 간구(干求, 바라고 구함)하였건만, 세상의 악과 재앙은 예나 지금이나 여전히 기승을 부리고 있으며, 더구나 바라던 기적이나 구원은 없었다.

인류는 외계로 진출하지 않으면 결국 절멸되고 만다. 인류는 예로부터 모험심과 탐구심 등으로 신세계를 꿈꾸고 진출하고 개척하여 왔다.

3) 셋

이른바 신은 애초부터 없던 것이다

이른바 신이라 함은 귀신 신(神)으로 쓰는 것이며 옛사람들이 상상으로 지어낸 것이다.

신이란 약효 없는 가짜 약(Placebo) 같고, 신을 믿는 종교는 유통 기한이 지난 식품 같다.

신이란 필요악으로도 통용될 수 없는 것이다.

신에 유혹됨은 망상이고, 신을 빙자함은 기만이다.

자칭 타칭 신이라 칭하거나 신의 아들이라고 속이는 것은 사기의 극치이고, 신을 믿으면 천국에 간다고 함은 탐욕과 과대망상의 극치이다.

교회의 십자가 꼭대기에 피뢰침을 세워야 벼락을 막을 수 있다.

착각과 망상에 사로잡힌 자들은 그것이 착각과 망상이란 사실을 느끼지도 깨닫지도 못하게 된다.

망상과 환상에 빠진 자들은 호수에 비친 달을 찾기 위해 물속으로 빠져 들어가는 것과 같다.

망상과 환상이 심해지면 돌이킬 수 없는 망상, 애증, 환상, 장애증, 편집증, 편집광증 등의 중증 환자가 되고 만다.
이들은 대부분 발달 장애, 지각 장애 등을 겪은 자가 많다고 한다.

이른바 신이란 인류가 당초부터 두려움과 불안, 무지와 어리석음, 망상과 환상에서 비롯되어 지어낸 것이다.

인류의 조상들에게 천재지변과 원인도 모르는 질병과 뜻밖의 죽음 등은 두려움과 불안이었다.

따라서 의지할 수 있는 대상과 위로를 받을 심리적 발동으로 이른바 신이란 이름의 '귀신'을 창제해 냈던 것이다.

인류는 원시 시대로부터 지금에 이르기까지 초인간적, 초자연적 위력을 가진 존재라고 생각해 낸 이른바 신이란 이름의 귀신에게 대대손손 거듭거듭 자나 깨나 간절히 기도하고 간구(干求, 바라고 구함)하였건만, 예나 지금이나 소원을 들어주거나 기대한 기적이나 구원은 없었다. 오직 착각과 도취, 집착과 그릇된 확신, 맹신과 맹종, 망상과 환상, 가상과 가짜, 미신과 미망만이 있었을 뿐이다.

오늘날까지도 신을 믿는 종교들은 초보적 단계에 머물러 안주하고 서식하면서 이른바 신이란 귀신에 홀리고 갇히어서 오직 구원과 천국에서의 부활을 꿈꾸면서 망상에 빠져, 이른바 천국행 티켓(Ticket)을 갈구하는 저급한 기복 신앙의 틀 속에서 아직도 벗어나지 못하고 있다.

신에 꽂힌 굳은 신념과 신앙심은 결국 보상을 바라는 탐욕과 이기적 속셈이 내재된 속물근성의 얄팍한 속성으로 이어져 귀결되고 만다.

이른바 신을 믿는다는 것은 요행을 바라는 이기적 심리적 발동에 근거한 저급한 탐욕의 발로에 머문다.

옛날부터 사람들을 쉽게 홀리는 유치한 선교 방법으로 신을 빙자하고 구원과 천국을 미끼로 유혹하여 착각과 도취, 망상과 환상을 심어 주면 되었다.

자신을 속이고 남을 속이면서 살아서는 소원을 이룰 수 있고, 죽어서는 천국에 갈 수 있다는 상투적 감언이설과 고정되어 있는 묵고 낡은, 그리고 황당한 언설도 깔려 있는 이른바 성경책을 인용하고 빙자하면서 순종하도록 길들이는 것은 인류에 대한 모독이고 큰 죄악이다.

허위와 기만으로는 이루어질 수도 없고, 정당화될 수도 없다.

내 안에 들어 있는 이른바 신(神, 귀신 신)과 허구 망상과 환상을 몰아내지 않으면, 매사에 조종을 당하는 종이 되어서 '노안비슬(奴顔婢膝, 남자 종의 아첨하는 얼굴과 여자 종의 무릎 걸음이라는 뜻으로 주로 노비와 같은 태도를 일컫는 말)'의 노비 근성을 후대까지 남기게 된다.

옛날부터 많은 사람이 믿었다고, 그리고 조상 대대로 믿고 따랐다고 해서 그것이 진실이 되고 진리로 결정되는 것은 아니다.

이른바 신을 향한 믿음이 일시적 위로가 된다고 할지라도 그것이 진실이 되는 것은 아니다.

과거에 배우고 익혀서 믿고 있었던 것들이 사실과 다르고 진실이 아니며 진정성도 없는 것일 수 있음을 숙고하고 성찰해야 한다.

인류의 최대 잘못은 지어내고 꾸며 낸 것, 가장되고 거짓된 것을 수천 년 동안 진실과 진리로 여기고 믿고 받들고 따르고 또 믿도록 하고 받들도록 하고 따르도록 한 것이다.

고정관념과 집착은 판단을 흐리게 하고, 속단된 선입견과 편견에 휘말리면 방향 감각을 잃게 된다.

이른바 신과 천국을 빙자한 기만과 사술, 감언이설과 세뇌, 최면과 착색으로 당신을 물들이고 함정에 빠뜨리는 정해진 행로와 길든 타성에서 하루속히 벗어나야 한다.

우리를 우리 안으로 가두는 우리가 되어서는 안 된다.

거짓과 속임수도 오랜 세월 동안 반복, 시행되다 보면, 가짜도 진짜로 믿게 되는 것이 인간들의 취약점이기도 하다.

되풀이하여 말하면 인간은 그렇게 생각해 버리게 되는 속성이 내재되어 있다. 거짓도 반복되면 진실처럼 여겨진다는 것은 실험을 통해서도 입증되었다.

이른바 원죄(原罪, 기독교에서 아담과 이브가 금단의 열매를 따 먹은 이후부터, 인간이 본디부터 지니고 태어나게 되었다는 죄)를 인정하고 스스로 죄인이라 여기고, 스스로 정신적 노예가 되어 평생을 보내면서 자손 대대로 이어지게 하는 것은 참으로 어리석은 바보짓이기에 그 누구도 이를 받들고 있어서는 안 된다.

이는 참으로 터무니없는 설정임을 숙지하고 명심하자!

모르면서 믿고, 모르면서 하는 짓들이 자신과 남을 망치게 하고 세상을 망치게 한다.

타인의 권유와 그저 남의 말만 듣고 이른바 성경에 그렇게 쓰여 있으니까 철석같이 믿고 따르고 일생일대 모든 것을 걸고서 맹진 또 맹진하는 것은 참으로 안타깝고 어리석은 짓이다.

하루속히 착각과 망상, 기만과 미신에서 깨어나 참과 거짓을 명확히 판별하는 지혜를 지닐 수 있도록 진상을 분명하게 보아야 올바른 길에 들어설 수 있다.

진정성과 순수성이 없는 종교는 한갓 이익 집단에 불과하다.

예로부터 세계 도처에는 본 적도 없고 있지도 않은 귀신을 부르는 자들이 넘쳐 나 있어 왔다.

예로부터 신앙 뒤에 숨어서 신앙을 파는 자도, 신앙을 내세워서 명분 아닌 명분을 쌓고 파는 자들이 많았다.

올바르게 배우고 올바르게 가르치는 것이 참으로 중

요하다.

참되고 유용한 공부와 잘못되고 허황된 공부를 분별해서 배우고 가르쳐야 한다.

"펜(Pen)은 칼보다 강하다."라고 하였지만 올바른 펜으로 정직함과 진실함을 힘 있게 쓸 때만이 그러하다.

올바른 양서(良書)와 올바른 참스승의 가르침이 평생의 지표가 되고 방향 설정이 되므로, 올바르게 쓴 글과 올바른 스승의 가르침이 참으로 중요하다.

이른바 신을 빙자하여 근거 없는 신의 계시라 운운하거나, 황당무계하고 혹세무민하는 저급한 서책을 인용한 허황된 언사나 설교에 현혹되면 자기 관념까지도 조작되게 된다.

잘못된 악서(惡書)와 그릇된 교훈이 내 인생을 망치게 하고, 잘 선택한 양서(良書)와 참스승의 교훈이 잘못된 내 생각을 바꾸게 하고 내 인생의 지표가 됨을 명심해야 한다.

일생일대의 중요한 것은 올바른 서책과 참스승을 만나서 열심히 배우고 익힌 후에 후대를 올바르게 가르치는 일이다.

한 권의 책이 내 인생을 바꿔 놓을 수 있다.
사상적이고 철학적인 인생관, 세계관, 우주관까지 깊은 영향을 주게 된다.

어떤 서책을 읽었느냐가 중요하고, 어떤 스승에게 가르침을 받았느냐가 중요하다.

한 권의 서책과 참스승의 올바른 가르침이 그 사람의 진로와 미래를 결정짓는 계기를 이룬다.

책은 가려서 읽고 제대로 읽고 참뜻을 새겨서 읽고 올바르게 익혀야 한다.

견제와 압제도 없고 어느 종교, 어느 종파에도 예속되지 않고 어떤 사상이나 어떤 이념에도 편향되지 않은 참 자유인이 아니면, 올바른 글을 쓰기 어렵고 올바른 비판을 하기 어려우며 올바른 가르침을 주고받기가 어렵다.

참되고 올바르게 배우지 않으면 사리 판단을 올바르게 할 수 없게 되고, 올바른 참진리의 길로 향할 수 없게 된다.

삶 자체를 정해진 학습 자료 수준으로 수업하며 답습만 하고 고정된 독단, 교의, 교리, 신조에 따른 신앙과 이념에 갇힌 자들은 새로운 길을 찾지 못한다.

올바르게 배우고 가르치는 것이 참으로 중요하다.

유아 때부터 참되고 올바른 교육이 중요하다.

어릴 적부터 그릇된 도그마에 갇힌 사고방식으로 세뇌하고 물들이는 것은 죄악이다.

뇌 과학자들의 실험 사실에 의하면, 뇌는 우리를 속여 자신이 틀렸을 때도 옳다고 우리로 하여금 확신하도록 만들 수 있으며, 또한 뇌는 주인에게 의논도 하지 않고서 누구를 믿을지, 또 무엇을 믿을지 결정을 해 버린다는 것이다. 따라서 그 부모나 교사들은 어린이들이 치명적 실수나 오류에 빠지지 않도록 사명감을 가지고 철두철미한 지도 편달이 있어야 할 것이다.

특히 부모들은 자신의 생각과 욕망에 따라, 변별력이 부족하고 판단력이 미숙한 자녀들을 조정, 조종하고, 이른바 신에 묶어 놓고 그 신앙에 갇히게 하는데 그것은 죄악이다.

착각에 빠진 맹신과 맹진, 망상과 환상에 젖은 추종의 강요는 인간의 정체성과 자주성을 말살시키는 행위이다.

자고로 이른바 신을 앞세우고 있는 자들은 언필칭 신을 빙자하고, 모든 것을 '신의 뜻'으로 돌려놓고 전가해 놓고 있음은, 인류의 진로를 가로막는 행위이다.

진실을 숨기고 사실을 날조하고 왜곡한 것들을 지어 내고 꾸며 낸 것들을 믿고 따르고 받들고 있음은 참으로 어이없고 어리석은 짓이다.

사실에 입각한 진상 규명과 정론이 바로 서는 진실과 정당성, 성찰과 각성, 양심과 정의를 살피는 밝은 세상이 되어야 한다.

신을 믿는 종교들은 이른바 마귀나 사탄(Satan)도 인정하고 더구나 이들의 파워(Power, 힘, 역량)도 인정하고 있다.

또한 우주 만물은 이른바 신의 창조물이라고 강조한다.

그렇다면 마귀나 사탄도 이 신이 만든 것일 터인데 스스로 만든 이것들을,

언필칭, 전지전능하고 무소불능, 무소불위, 무소부재, 무소부지하다는 이른바 신의 위력으로도 없애 버리기는커녕, 물리칠 수도 없으니 참으로 자기모순, 자가당착의 극치이다.

아담과 이브가 금단의 열매를 따 먹은 원죄가 있기 때문에 인류 모두는 죄인이라는 낙인(烙印)이 찍혀 자자손손 대대로 원죄에 연루되어 있을 뿐만이 아니라, 인간이 온갖 고통, 질병, 재난, 죽음 등을 겪는 것이 이들의 원죄 때문이라니 참으로 어이없고 황당하다.

그 신(神)이 어질고 착한 신(?)이라면, 아담과 이브는 물론 그 자손들도 죄악에 빠지지 않도록 계도하고 선도를 해야 했는데, 이들이 죄악의 덫에 걸리도록 유도해 놓고서 이들에게 그토록 가혹한 벌을 준다는 것은 이른바 심술궂은 악신(?)이나 할 짓이 아니겠는가?

언필칭 전지전능한 신이라고 하였는데 그렇다면 아담과 이브가 불행해진다는 것을 빤히 알고 있으면서도 이토록 어설픈 설정을 해 놓았단 말인가? 실로 자기모순이고 자가당착의 극치이다.

로마 교황청의 '천동설 주창'을 굳게 믿고 있던 자들은 '지동설'에 대하여, 지구가 돌고 있다면 왜 건물들이 무너지지 않고 있으며 서 있는 사람들이 왜 쓰러지지 않느냐고 강변하였듯이, 신을 믿는 종교들은 과학적, 객관적 증명을 하고 있지 못하면서 이른바 신과 예수를 믿으면 천국에 가고 믿지 않으면 지옥으로 간다고 으름장을 놓으면서, 지금도 여전히 강변하고 있으면서 사람들을 속이고 홀리면서 혹세무민(惑世誣民, 세상 사람을 속여 미혹하게 하고 세상을 어지럽힘)하고 있다.

이른바 아담과 이브도 금단의 열매도 원죄도 신도 모두 사람이 지어내고 꾸며 낸 것들이다.

종속적 시선, 시각과 사고방식에서 주도적 시선, 시각과 사고방식으로의 대전환이 절실하다!

예수를 믿고 죽은 영혼은 운명하는 즉시 천국에 갔고,

안 믿은 자들은 지옥에 갔다는 식으로 세뇌시키고 있는 설교자들이 넘쳐 나는 세상! 참으로 한심하다.

성 베드로 성당, 시스티나 예배당, 산타마리아 대성당 등이 웅장하고 또 호화롭게 치장을 하고 있음은 더 많은 신도와 성금을 모으려는 수단이다.

가난하며 굶주리는 세계 도처의 수많은 자에게는 너무도 인색한 이들의 처신은 지탄을 받아야 할 것이다.

현재 8억 명의 인구가 당장 먹을 것이 없어서 굶주리고 있는 현실에, 그리고 기후 변화로 인하여 신의 가호가 있기를 간절하게 기도를 드리고 있는 실정에 이들에게 과연 신의 가호가 있었단 말인가?

수많은 교당 지붕 위에 세운 십자가 꼭대기에 과학의 산물이자 사람이 발명한 피뢰침을 설치해야 벼락을 막을 수 있음을 알아야 한다.

"나는 기독교의 교리가 분명치 않다는 것을 알게 되었다. 그래서 어렸을 때 나 스스로 기독교 모임에 참석하지 않았다."

– 벤저민 프랭클린, 피뢰침 등을 발명한 미국의 정치가, 과학자 –

4) 넷

이른바 일신교도들에 의한 대립과 갈등, 질시와 반목은 극단적 테러와 잔인무도한 무차별 살상으로 얼룩져 왔으며, 얽혀 있는 분쟁들은 크고 작은 전란을 야기해 왔다.

특히 신식화된 무기 거래는 날로 더해지고 있으며, 갈등과 분쟁은 더욱 가열화될 수 있어 세계인들은 우려와 개탄을 금하지 못하고 있다.

앞으로는 킬러 로봇을 활용한 특정인 암살도 성행될 것이다.

종교와 정치, 종교와 세속이 따로 없는 나라, 그리고 자기들이 지배하고 이끄는 세계, 이슬람 측과 미국 측의 근본주의자들의 속성이고 이들이 꿈꾸며 이루고자 하는 절대 가치이다.

따라서 이들의 두 근본주의 가치 체계를 온 세계 각국에 전파하고 전 인류를 자기들 색깔로 물들이고 문신화하여 예속시키는 것이 이들의 지상 과제인 것이다.

원래 유대교, 이슬람교, 기독교들은 그 뿌리를 함께하

고 있지만, 이들은 서로가 서로를 선과 악의 2분법적 사고방식으로, 미국 편은 미국은 선이고 이슬람은 악이라 하고, 이슬람 편은 이슬람은 선이고 미국은 큰 악이며 이스라엘은 작은 악으로 규정하고서, 서로가 서로를 적대시하여 잦은 충돌로 반복되는 테러와 이에 따른 잔인한 살상은 불특정 다수인의 희생과 참극을 야기하고, 이에 따른 악순환은 되풀이되어 이어져 왔고, 지금도 서로가 서로를 질시하고 있다.

또한 이들은 종파별로도 나뉘어 극단적 살육과 테러를 저질러 왔다. 특히 이슬람권의 수니파와 시아파 간의 잦은 충돌과 보복은 끊이지 않고 있다. 세계는 이들의 대충돌을 우려하고 있다.

이들은 위대한 신은 자기들 편이라고 외쳐 대면서 사이버 해킹, 킬러 로봇, 세균 살포는 물론 핵무기도 포함된 신무기로 반대편을 굴복시키고 말살시키려는 의도를 가지고 있어 왔다.

오늘날, 이른바 신(神)이란 이름의 가상(假像, 주관으로 그렇게 보일 뿐 실제로는 존재하지 않는 거짓 모습, 주관적 환상)을 앞세워서 세계를 정복하려는 것은 참으로 부질없는 어리석은 것이다. 이러한 생각을 가지고 있는 것은 망상이다.

그럼에도 불구하고 유일신을 신봉하고 있는, 여러 집권 세력과 기득권 세력과도 연관되는 극단적 근본주의 유일신론 광신자들은 "우리의 위대한 신이 세계를 평정하기 위하여 우리를 앞서 보냈다."라고 외치면서 세계를 정복하려고 한다.

이들의 근본적 사상은 이원론적으로 양분하여, 이른바 신과 악마(Satan), 자기편과 반대편, 천국과 지옥으로 나누어, 자기들이 믿는 종교만이 옳고 다른 종교들은 사라져야 한다는 극단적 방법을 펼치고 있다.

따라서 세뇌된 자들에게 천국에 갈 수 있다는 믿음을 심어 줌으로써 이들로 하여금 아무런 죄의식 없이 마약에 취한 듯 몽롱한 비정상 상태에서 서슴없이 불특정 다수인도 포함된 곳에서 참혹한 자폭 테러를 감행하게 한다.

이성을 잃고 이른바 신과 신을 믿는 종교에 미친 자들을 광신자, 광신도라고 부른다.

예로부터 이러한 미친 자들이 있어 왔다.

신이 있다는 확신 속에서 그 신의 이름으로 저지르고 도, 이들은 이들을 조종하고 있는 종단의 수뇌부들에게 세뇌되어 오직 '신의 뜻이다.'라고 생각하고, 신의 보상 이 있을 것으로 착각하고 있고 마취되어 있다.

여러 번 되풀이하여 말하면, 인간들은 그렇게 생각해 버리고, 또 믿어 버리는 약점이 있다.

인간의 잔혹성과 야만적 행위가 종교적 적대감에서 더욱 극성을 부리고 있음은 개탄스럽고 한심한 일이다.

계속되는 이들의 만행을 세인들은 공분을 하고 있어 도 유일신을 신봉하고 있는 기독교계에서는 아무런 대 책을 세우지 않고 방관만 하고 있다.

인간은 종교적 확신을 가졌을 때 가장 철저하고 자발 적으로 악행을 저지른다고 하였다.

5) 다섯

예수의 제자였던 '가롯 유다(Judas Iscariot)'는 열성적으 로 예수를 따르면서 예수의 신통력과 예수의 신정 왕국의 출현을 기대하였으나 그 기대가 어긋나자, 실망하여 예수를 배반하고, 또 금전을 탐내어 은전 서른 닢에 예수를 팔아넘겨, 예수를 당시 로마 제국에서 죄수에게 써 온 십자가 형틀에 매달리게 하여 죽게 하였다.

예수는 신의 독생자를 자처하면서 신의 계시(啓示, 나아갈 길을 가르쳐 알게 함)나 신통력이 있는 것처럼 행세하였지만, 앞일을 헤아리지 못하고 로마 군사들에게 쫓겨 다녔으며, 자기를 따르던 제자를 제대로 가르치거나 건사하지 못하고 그 제자의 고발로 결국 참혹한 죽임을 당하고 말았다.

"나를 믿고 따르라!"라고 하였지만, 그를 의심하고 눈을 뜨고 귀를 열어야 새로운 길이 보일 것이다.

허황된 감언이설과 허위 사실에 현혹되지 말자!

옛글에도 대간(大奸)은 충(忠)을 닮았고, 대사(大詐)는 신(信)을 닮았다고 하였다.

가성(假聖, 거짓 성자, 가짜 성자)은 성(聖)스러움을 위장하며, 대가(大假, 큰 거짓, 큰 가짜)는 자기 관념까지도 조작되게 되고, 나와 남의 뇌마저 속이게 된다.

예로부터 자기 자신을 신이라 사칭하거나 신의 아들이라고 사칭한 과대망상자나 희대의 사기꾼들이 있어왔다.

인류 역사상 가장 큰 사기꾼들은 자기를 신이라 하거나 신의 아들이라고 사칭하여 사람들을 속이는 자들이다.

일찍이 '프로이트'는 "영적 세계관을 수용하는 사람들은 지성이 결핍되어 있고, 보편적 신경증을 겪고 있다."라고 단정하였다.

예수는 자칭 신의 아들이라고 자처하면서 자기가 신통력이 있는 양 행세하면서 세상을 속이고 사람들을 속이고 자기 자신도 속였기 때문에 과대망상 장애 등 신경 정신과적 이상 증상과 더불어 희대의 사기꾼이란 오명을 면할 수가 없다.

또한 예수는 망상증 환자를 양산되게 한 인류 최대의 죄인이다. 예수는 신을 빙자하고 천국을 미끼로 신과 자기에게 복종을 하게 하면서 사람들을 종으로 만들어서 순종하도록 하였다.

신 없는 우주에 신의 아들은 있을 수 없고, 구세한 적이 없는데 구세주란 가당치 않다.

인류는 진실 앞에 떳떳하지 못한 거짓과 위선, 사술과 기만으로 자칭 신의 아들이라고 신을 빙자하고 천국을 미끼로 감언이설로 혹세무민하는 등 세상 사람들을 속이고 현혹시켜 왔던 자를 지금까지 추모하고 찬양하여 왔음은 참으로 어리석고 부끄러운 일이다.

인류 역사상 가장 용기 있고 지각 있는 자는 우주 어디에도 신도 없고 신의 아들도 없다고 분명하고도 떳떳하게 말할 수 있는 자들이다.

"분별 있는 사람은 모두 무신론자다."
— 어니스트 헤밍웨이(1899~1961), 노벨 문학상 수상자 —

"올바르게 읽는다면 이른바 성서는 무신론자의 가장 강력한 근거가 된다."
— 아이작 아시모프(1920~1992), 과학자, 집필가 —

6) 여섯

인간의 이기적 속성과 탐욕은, 현세의 호강을 사후에
도 연결하고자 순장((殉葬, 고대 국가에서 왕이나 귀족이 죽었을 때,
종이나 신하 등을 함께 매장하던 일, 심지어 비빈, 처첩까지도 순장되기도
했다)도 서슴없이 자행하였다. 참으로 인간의 이기적 탐
욕의 극치라 하겠다.

손일호 리천하 불여야(損一毫 利天下 不與也)
가는 한 털을 덜어서 천하를 이롭게 할지라도 참여하
지 않는다는 뜻이다.
일찍이 중국의 양주(揚朱, 서기전 5~6세기의 인물)는 인간의
이기적 속성을, 이토록 짧고 간결한 필치로 표현했다.

신을 믿거나 신의 아들이라고 하는 것은 인간의 이기
적 속성의 발로이다.

자고로 세계 도처에서 자칭 신이라 하거나 신의 아들
이라 하고 예언자라고 하던 자들이 마치 신통력이 있는
양 행세하면서 소원을 들어주겠다거나 인류를 구원해
주겠다고 하는 등 혹세무민하고 황당무계한 언설을 하
는 자들이 있어 왔지만, 이제껏 그 누구도 소원을 들어

주었거나 인류를 구원한 자는 없었다.

아울러 그 어떤 예언서나 각종 예언적 서언, 書, 言, 그리고 각종 벽사문, 기도문, 주문, 주술, 기문둔갑, 풍수지리, 당사주 등등 이것들을 빙자하여 하는 굿이나 행사, 행위들 역시 애매모호하고 황당무계하며 혹세무민하는 것들이 대부분이고 효과는 물론 사람들을 깨우쳐 주거나 바르게 인도해 주기는커녕, 그 어느 것도 무엇 하나 명료하게 적중한 것이 없었으며, 분명하고도 정당한 출처도 근거도 새로운 것도 객관적 타당성도 없었음은 물론, 터무니없는 황당성과 유치한 수준에서 맴돌고 있는 것이다.

오늘날 신을 믿는 종교 집단 역시 오직 자신과 자기 가족들의 이른바 천국 부활을 부추기고 꿈꾸게 하는 기복 신앙의 틀 속에서 아직도 벗어나지 못하고 여전히 정체되어 있다.

이른바 신과 예수와 성경을 믿고 따라야 천국에 갈 수 있으며, 이를 믿지 않으면 살아서는 천벌을 받게 되고 죽어서는 지옥에 가게 된다고 으름장을 놓으면서, 이른바 성경은 신의 말씀이고 예수의 말씀이고 가르침이니

절대적으로 믿어야만 한다고 늘 설교하여 왔다.

이들은 이른바 신과 예수와 성경에서 여전히 벗어날 수가 없다.

모든 신학 이론은, 이른바 신약 성서는 물론 구약 성서까지 인정해야만 이단으로 몰리지 않는다.

이른바 창조주인 신이 6일 만에 천지 만물을 창조하였다는 등 황당한 기록을 믿으라 하여 왔지만, 막상 우주 생성 과정이나 천체 등 우주에 관한 것을 잘 모르고 지내 왔고, 알아도 외면하여 왔다.

알면서도 모르는 체하고 설교를 하고 있다면 이는 파렴치한 거짓말을 의도적으로 하고 있는 것이다.

일찍이 칸트(Immanuel Kant, 1724~1804)는 "거짓말로 속이는 것은 인간의 자존심과 자존감을 해친다."라고 하였다.

인류가 찾은 외계 행성 5,009개 돌파, '제2의 지구' 어디에

1992년 외계 행성 첫 발견 후 현재(2022년 4월 4일)까지 5,009개의 외계 행성을 찾아냈다. 국내에선 미시 중력 렌즈로 추적했다.

지구를 닮은 행성은 4%에 그쳤다. 2016년 찾은 행성 4개가 대표적이며, 지구에서 40광년 떨어져 있고 물이 존재할 거리만큼 별에서 떨어져 있어 생명체가 있을 가능성이 제기되어 왔다.

일본 국립 천문대의 세인 커리 박사 연구진은 2022년 4월 4일(현지 시간) 국제 학술지《네이처 천문학》에 '마차부자리 AB' 행성이 가스 구름이 압축되면서 생성됐음을 확인했다고 밝혔다.

'마차부자리 AB'는 나이가 200만 년인 젊은 별이다. 관측 사상 가장 젊은 외계 행성을 발견한 것이다.

인류가 태양계 밖에서 찾아낸 외계 행성이 지난 1992

년 첫 발견 이래 30년 만에 5,009개를 돌파했다.

미국 항공 우주국(NASA)에 따르면 2022년 4월 5일 현재 외계 행성은 5,009개이다.

과학자들은 외계 행성 중 특히 지구와 닮은 행성에 초점을 맞추고 있다.

과연 지적 생명체가 살고 있는 행성은 있을까

◆ 지구 닮은 외계 행성은 4%에 그쳐

1992년 푸에르토리코 아레시보 천문대의 알렉 산데르 볼시찬 박사가 지구에서 1,500광년(光年, 1광년은 빛이 1년간 가는 거리로 약 9조 4600억 km) 떨어진 처녀자리에서 펄서 주변을 돌고 있는 두 개의 행성을 발견했다고 발표했다. 태양계 밖의 행성을 처음 발견한 것이다.

펄서는 별이 수명을 다하고 폭발할 때 만들어지는 중성자별이다. 태양처럼 왕성하게 활동하는 별이 아니라 수명이 다한 별에도 행성이 있다면 외계 행성의 수가 엄청날 것으로 추정됐다. 우리 은하에는 수천억 개의 행성이 있다고 추정된다.

나사 외계 행성 과학 연구소의 제시 크리스티안센 박사는 "그동안 발견한 외계 행성은 각각 모두 새로운 세계다."라고 말했다. 지금까지 발견한 외계 행성에서 가장 많은 종류는 35%를 차지하는 해왕성형이다.

우리 태양계의 맨 바깥에 있는 천왕성이나 해왕성과 같이 얼어붙은 거대 행성이다.

다음은 31%를 차지하는 초지구형과 30%의 가스형 거대 행성이다. 초지구형은 지구처럼 암석형 행성이지만 크기가 훨씬 큰 행성이고, 가스형은 태양계의 목성과 토성처럼 가스로 이뤄진 거대 행성이다.

나머지 4%가 지구처럼 암석형이고 크기도 비슷한 지구형 행성이다.

2016년 발견된 '트라피스트-1(TRAPPIST-1)'이라는 왜성(矮星)을 공전하는 행성 4개가 대표적인 예이다. 이 행성들은 지구에서 40광년밖에 떨어져 있지 않고, 액체 상태의 물이 존재할 수 있는 거리만큼 별에서 떨어져 있어 생명체가 있을 가능성도 제기됐다.

◆ 국내에서는 미시 중력 렌즈로 추적 중

외계 행성은 다양한 방법으로 찾는다. 2019년 노벨 물리학상은 50광년 떨어진 곳에서 목성만 한 크기의 행성 '페가수스자리 51b'를 발견한 과학자들에게 돌아갔다.

이들은 이른바 시선 속도 측정을 통해 외계 행성을 찾아냈다. 별은 주변 행성의 중력에 영향을 받아 조금씩 움직인다. 만약 별이 지구 쪽으로 움직이면 파장이 짧은 파란색을 더 띠고, 멀어지면 파장이 긴 붉은색이 나타난다. 이를 통해 행성의 존재를 확인했다.

다음은 별 앞으로 행성이 지나가면서 빛이 일부 사라지는 식(蝕)을 이용하는 것이다.

나사 에임즈 연구소의 윌리엄 보루키 박사가 제안한 이 방법은 2009년 케플러 우주 망원경이 발사되면서 실제 관측에 활용됐다.

케플러 우주 망원경은 2018년 퇴역할 때까지 외계 행성 2천6백여 개를 찾아냈다.

외계 행성 이름에 케플러가 붙은 것이 유독 많은 것도

이 때문이다. 대표적인 예가 '케플러-62f'이다. 지구와 크기도 비슷하고 생명체 존재 가능 구역에 있다.

특히 중심 별이 태양보다 나이가 많아 만약 행성에 생명체가 있다면 지구보다 진화 역사가 더 오래됐다고 볼 수 있다. 그만큼 지적 생명체가 있을 가능성도 크다.

외계 행성은 97%를 시선 속도나 식 방식으로 찾았다. 문제는 이 방식은 행성이 별 근처에 있어야 효과가 있다는 것이다. 한국 천문 연구원 정선주 박사는 "태양계에서 목성 바깥에 있는 행성처럼 별에서 멀리 있으면, 미시 중력 렌즈 방식을 쓴다."라고 말했다.

중력 렌즈는 아인슈타인이 일반 상대성 이론에서 예측한 현상이다. 중력이 큰 천체가 있으면 시공이 휘면서 뒤에 있는 천체의 빛이 휘어져 마치 렌즈로 확대한 듯 볼 수 있다. 최근 우주가 탄생한 지 9억 년 뒤에 나타난 가장 먼 별을 관측한 것도 중력 렌즈 덕분이다.

미시 중력 렌즈는 빛을 휘게 하는 현상이 은하단이 아니라 별 차원에서 일어나는 것이다.

별에 행성이 있다면, 중력 렌즈 효과가 더 달라진다. 정선주 박사는 "미시 중력 렌즈 방식으로 한국 연구진이 2016년 질량이나 별까지 거리가 지구와 같은 외계 행성을 찾았다."라며 "2027년 나사가 발사하는 낸시 그레이스 로만 우주 망원경과 동시 관측을 하면 더 많은 외계 행성을 찾을 수 있을 것이다."라고 말했다.

참고 문헌 및 인용 자료의 저자 등

불경, 성경, 중국의 사서삼경, 《시경》, 《사기》 등

알베르트 아인슈타인, 지그문트 프로이트, 리처드 도킨스, 데이비드 밀스, 도올 김용옥, 리처드 파인먼, 고어 비달, 에른스트 마이어, 토머스 사스, 로드 스타이거, 토머스 에디슨, 찰리 채플린, 아이작 아시모프, 조디 포스터, 마크 트웨인, 윌리엄 하워드 태프트, 토머스 제퍼슨, 찰스 프로테우스 스타인메츠, 칼 세이건, 토머스 페인, 제임스 왓슨, 프리드리히 니체, 알베르트 슈바이처, H. L. 멩켄, 숀 오케이시, 벤저민 프랭클린, 빌 게이츠, 리쩌허우(李澤厚), 마하트마 간디, 마르크스, 로버트 퍼시그 등

이 책에 등장한 인물

- ○ 석가모니
- ○ 공자
- ○ 예수
- ○ 소크라테스
- ○ 아인슈타인
- ○ 프로이트
- ○ 마르크스
- ○ 니체
- ○ 다윈
- ○ 러셀
- ○ 에디슨
- ○ 순자
- ○ 사르트르
- ○ 사마천
- ○ 간디
- ○ 갈릴레이
- ○ 제퍼슨
- ○ 칸트
- ○ 파스칼
- ○ 프랭클린
- ○ 헤밍웨이

석가모니

(기원전 563?~기원전 483?)

불교의 개조이다. '석가'는 민족의 명칭이고 '모니'는 성자라는 뜻으로, 석가모니라 함은 '석가족 출신의 성자'라는 뜻이다. 본래의 성은 고타마, 이름은 싯다르타인데, 뒤에 깨달음을 얻어 '붓다'라 불리게 되었다.

인도의 히말라야 근처에 있는 카필라성의 왕자로 태어났다. 안락하고 행복한 생활을 하던 중에 궁전 밖으로 나갔다가 백성들의 고통을 목격하고 고민하였다. 그 뒤 사람이 태어나고, 늙고 병들고, 죽는 일에 대하여 깊이 생각하였다.

그래도 해답을 얻지 못하자 깨달음을 얻기 위하여 29세에 출가하였다. 6년간의 고행 끝에 35세에 지금의 비하르주의 부다가야 부근 보리수에서 깨달음을 얻었다.

불교는 그의 설법을 통하여 세계에 널리 알려지게 되었다. 그의 가르침은 《아함경》, 《율장》 등의 원시 불교 경전을 통해 전해지고 있다. 45년의 긴 세월에 걸쳐 돌아다니며 설법, 교화를 계속한 그는 자비를 최고의 덕으로 삼았고, 사람은 누구나 진리를 깨달을 수 있으며, 그로 인하여 부처가 될 수 있다고 가르쳤다. 공자, 예수, 소크라테스와 함께 세계 4대 성인으로 불린다.

※ 예수는 세계 4대 성인으로 추앙받을 자격이 없는 자이다.

공자

(기원전 552~기원전 479)

중국 노나라의 사상가이다. 유교의 개조, 창평향 추읍에서 태어났다. 자는 중니, 이름은 구이며 공자의 '자'는 존칭이다. 은 왕족의 혈통을 이어 춘추 시대 말기에 태어났지만 3세 때 아버지가 세상을 떠나서 빈곤 속에서 자랐다. 그러나 공부에 힘을 쓰며 소양을 쌓아 점차 유명해졌다. 처음에는 하급 관리였으나, 50세가 지나서 정치가로 명성을 떨쳤다. 그의 계획은 노나라의 실력자를 눌러 주공의 권력을 회복하고, 질서 있는 문화 국가를 건설하는 것이었으나 실패하여 물러났다. 그 뒤 여러 나라를 돌아다니며 자기 이상을 실현하려고 노력하였으나 불가능하다는 것을 깨닫고 고향으로 돌아가 제자들의 교육에 힘을 쏟다가 74세를 일기로 세상을 떠났다. 그는 정치를 하는 사람은 덕이 있어야 하며 도덕과 예의에 의한 가르침이 이상적인 지배 방법이라 생각하였다. 이러한 생각에서 가장 중요한 것이 인(仁)이라고 하였으며 이를 최고의 덕이라고 보았다. 그리고 인은 '사람을 사랑하는 것'이라고 정의하였다. 그의 말과 행동은 제자들이 지은 《논어》를 통해서 전해지고 있는데, 한국을 비롯하여 세계 여러 나라에 많은 영향을 끼쳤다. 그는 세계 4대 성인으로 일컬어지고 있다.

예수

(기원전 4?~서기 30)

크리스트교의 시조이다. 예수라는 이름은 헤브라이어로 신은 구원해 주신다는 뜻이며, 그리스도는 '기름을 받은 자', 즉 '구세주'를 의미한다. 어머니 마리아와 약혼자인 목수 요셉 사이에서 베들레헴의 마구간에서 태어났다. 당시 유대 나라는 로마의 통치 아래에서 고생하며 백성들은 구세주가 나타나기를 원하던 때인데, 스스로 구세주임을 깨달은 그는 갈릴리, 유대 등지에서 제자들을 이끌고 기적을 행하면서 복음을 전파하였다. 그러나 그를 따르는 사람들이 늘어나자 대사제들과 바리사이파 사람들은 그를 위험인물로 생각하여 의회를 소집하고, 그날부터 그를 죽일 음모를 꾸미기 시작하였다. 그는 제자들과 최후의 만찬을 들고, 그날 밤은 겟세마네 동산에서 기도하였다. 겟세마네에서 잡힌 그는 로마의 총독 빌라도 앞에서 십자가에 못 박힐 것을 선고받고, 이튿날 아침 십자가를 지고 골고다 언덕길을 올라가 거기서 십자가 나무 형틀에 못 박혀 죽었다. 그의 사후 그의 부활을 믿는 제자들에 의해 새로운 교단이 형성되어, 바울 등에 의해 로마 제국으로 전파됨으로써 세계 종교로 발전되어 갔다.

소크라테스

(기원전 469~기원전 399)

　고대 그리스의 철학자이다. 아테네에서 태어났다. 그에 관하여 확실한 것은 알려지지 않았지만, 제자들이 지은 책을 통하여 알 수 있다. 당시 아테네의 스파르타와의 전쟁에 패하여 백성들이 많은 어려움을 겪고 있었다. 그는 그러한 사람들에게 진리를 가르치기로 결심하고 거리로 나갔다. 여기저기서 사람을 모아 놓고 참된 자기 자신의 모습과 인간 정신의 중요함을 가르쳤다. 이러한 것은 "자기 자신의 무지를 안다."라는 것을 출발점으로 하여, 사람들과 개인적으로 이야기를 주고받았다. 이런 대화를 통해서 자연스레 무지를 깨우치기 위한 지혜가 필요하다는 것을 느끼게 하며 "지혜를 사랑한다."라는 것에 이르게 하였고 이것은 철학을 하는 것이라고 했다. 오늘날 '철학'이라고 하는 것도 그에게서 유래한다. 이름이 알려지고 젊은이들이 그를 따르자 일부 권력자와 학자는 그를 시기하여 고발하였다. 재판에서 사형을 선고받자 많은 사람이 그에게 달아날 것을 권유했지만, 그는 "악법도 법이다."라고 하면서 사형을 당하였다.

아인슈타인

(1879~1955)

　미국의 이론 물리학자이다. 독일 울름에서 태어났다. 스위스 국립 공과 대학 물리학과를 졸업하고, 베른 특허국의 관리 자리를 얻어 5년간 근무하였다. 광양자설, 특수 상대성 이론을 완성하여 발표하였으며, 광전 효과 연구와 이론 물리학에 기여한 업적으로 1921년 노벨 물리학상을 수상하였다. 그 뒤 중력장 이론으로서의 일반 상대성 이론을, 중력장과 전자장의 이론으로서의 통일장 이론을 주장하였다. 유대인인 그는 유대민족주의, 시오니즘 운동의 지지자, 평화주의로서 활약하였다. 독일에서 유대인 추방이 시작되자, 1933년 독일을 떠나 미국에 망명, 귀화하였다.

　제2차 세계 대전 중 독일이 원자 폭탄 연구에 몰두하자. 원자 폭탄을 가질 필요성을 통감하여 당시 대통령 루스벨트에게 그 사정을 알리는 편지를 보냈다. 이것이 미국에서의 원자 폭탄 연구인, 맨해튼 계획의 시초가 되었다. 미국에서는 그의 이름을 기념하여 아인슈타인 노벨 평화상을 마련하고 해마다 시상하고 있다.

프로이트

(1856~1939)

  오스트리아의 신경과 의사이다. 모라비아(당시는 오스트리아, 현재 체코)의 프라이베르크에서 태어났다. 빈 대학 의학부를 졸업한 뒤 얼마 동안 뇌의 해부학 연구, 코카인의 마취 작용 연구 등에 종사하였다. 최면술을 보게 되어, 인간의 마음에는 본인이 의식하지 못하는 과정, 즉 무의식이 존재한다는 것을 굳게 믿게 되었다. 그러나 얼마 뒤이 치유법에 결함이 있음을 깨닫고 최면술 대신 자유연상법을 사용하여 히스테리를 치료하고, 1896년 이 치료법에 '정신 분석'이라는 이름을 붙였다. 이 말은 뒤에 그가 수립한 심리학의 체계까지도 지칭하는 말이 되었다. 20세기의 사상가로 그만큼 큰 영향을 끼친 인물은 없으며, 심리학, 정신 의학뿐만 아니라 사회학, 사회 심리학, 문화 인류학, 교육학, 범죄학, 문예 비평에도 큰 영향을 끼쳤다.

  프로이트는 "신은 존재하는가?"라는 명제에 특별히 열중했다.

  그는 신의 존재를 '변화무쌍한 삶과 고난으로부터 부모의 보호를 원하는 유아적 소망 투사'에 지나지 않는다고 통찰하였다.

  이후 '강박 장애'를 겪는 환자들을 관찰하면서 "영적 세계관을 수용하는 사람들은 지성이 결핍되어 있고, 보편적 강박 신경증을 겪고 있다."라고 단정했다.

  저서 《문명과 불만》에서는 인류의 종교는 '대중 망상'으로 분류해야 한다면서 "망상을 공유하는 어느 누구도 그것이 망상이라는 사실을 깨닫지 못한다."라고 강조하였다.

또한 '종교적 진리'는 실제로 발견된 것이 아니라, '상상적으로 조작'된 것임을 천명하였다.

주요 저서로는 《히스테리의 연구》, 《꿈의 해석》, 《정신 분석 입문》, 《자아와 이드》, 《문명과 불만》 등이 있다.

마르크스

(1818~1883)

　독일의 공산주의자, 혁명가, 경제학자이다. 라인주 트리어에서 태어났다. 본 및 베를린 대학에서 법률, 역사, 철학을 공부하였다. 대학에 다닐 때부터 헤겔 좌파에 속했던 그는 포이어 바흐의 영향을 받아 두 사람의 철학을 비판적으로 계승한 변증법적 유물론을 만들었다. 공산주의자 동맹에 들어가 《공산당 선언》을 엥겔스와 함께 집필했다. 1859년 간행된 경제학 이론에 대한 최초의 책 《경제학 비판》에는 유물 사관 공식이 실려 있다. 자본가와 노동자의 차별을 없애기 위하여 모든 사람이 평등하게 일하며 살아야 한다는 공산주의 사회를 주장하였다.

　1864년 제1차 인터내셔널이 만들어지자 실질적 지도자가 되어 노동조합주의, 무정부주의에 대항하여 싸웠다.

　특히 그는 "종교는 아편이다."라고 말하여 더욱 유명하다.

　주요 저서로는 《철학의 빈곤》, 《신성 가족》, 《독일 이데올로기》 등이 있다.

니체

(1844~1900)

독일의 시인, 철학자이다. 레켄에서 태어났다. 1864년 본 대학에서 신학과 철학을 배우다가 이듬해 라이프치히 대학으로 진학하였다. 그 대학을 졸업한 뒤, 1869년 스위스의 바젤 대학 교수가 되었다. 1870년 프로이센·프랑스 전쟁에 지원하였다가 건강을 해치고 바젤로 돌아온 뒤부터 평생 편두통과 눈병으로 고생하였다.

1872년 첫 작품인 《비극의 탄생》을 펴냈는데, 삶의 기쁨과 슬픔, 긍정과 부정 등을 예술적으로 표현했다는 평을 받았다. 35세 때 교수직에서 물러나 요양을 위해 이탈리아의 북부, 프랑스 남부를 돌아다니며 책을 썼다.

1888년부터 정신 이상 증세를 나타내기 시작하여 바이마르에서 죽었다. 그의 사상의 중심을 이루는 것은 근대 문명에 대한 비판이며 그것의 극복이다. 그는 "신은 죽었다."라고 선언하고 이상을 향하여 끊임없는 자기 극복을 하여야 한다고 주장하였다. 주요 저서로는 《선악의 피안》,《자라투스트라는 이렇게 말했다》,《권력에의 의지》 등이 있다.

다윈

(1809~1882)

영국의 생물학자이다. 생물 진화론의 정립에 공헌하였다. 슈루스
베리에서 태어났다. 에든버러 대학에 입학하여 의학을 배웠으나 중
퇴하였고 케임브리지 대학으로 진학하여 신학을 공부하였다. 어릴
때부터 동식물에 관심을 가졌고, 케임브리지 대학의 식물학 교수 헨
슬로와 친교를 맺어 그 분야의 지도를 받았다. 1831년 22세 때 헨슬
로의 권고로 해군용 측량선 비글호에 박물학자로서 승선하여, 남아
메리카, 남태평양의 여러 섬(특히 갈라파고스 제도)과 오스트레일리아
등지를 두루 항해, 탐사하였다. 다른 환경의 섬과 갈라파고스 제도에
서 생활하는 같은 계통의 생물에서 볼 수 있는 사소한 차이는 그에게
진화론을 쓰게 만든 주요 요인이 되었다. 그 생물이 생활하고 있는
환경에 가장 적합한 것만이 살아남고, 부적합한 것은 멸망해 버린다
는 견해이다. 곧 개체 사이에서 경쟁이 항상 일어나고 자연의 힘으로
선택이 반복된 결과, 진화가 생긴다고 하는 설이다. 다윈의 진화론은
물리학에서의 뉴턴 역학과 더불어 사상의 혁신을 가져와 그 뒤의 자
연관, 세계관의 형성에 큰 영향을 끼쳤다.

주요 저서로는 《종의 기원》, 《사육 동식물》, 《인류의 유래와 성 선
택》, 《식물의 운동력》 등이 있다.

러셀

(1872~1970)

　영국의 논리학자, 철학자이다. 몬머스셔 트렐렉에서 태어났다. 케임브리지 대학을 졸업한 뒤 모교의 강사가 되었다. 그 뒤 여러 나라를 여행하면서 철학 및 수학에 관한 많은 논문을 발표하고 강의를 하였다. 그는 현재 수학의 성과를 이어받아, 19세기 전반에서 비롯된 기호 논리학의 역사를 정리하였다.

　관념론을 비판하면서 마르크스주의를 지지하였으나 러시아를 방문, 혁명 지도자와 혁명 뒤의 현실을 접하고 나서부터는 오히려 비판적인 입장을 취하게 되었다 1950년 노벨 문학상을 받았다.

　주요 저서로는 《정신의 분석》, 《철학의 문제들》, 《물질의 분석》, 《서양 철학사》 등이 있으며 특히 《나는 왜 기독교인이 아닌가?》 책이 유명하다.

에디슨

(1847~1931)

미국의 발명가이다. 오하이오주 밀란에서 태어났다. 특허품이 무려 1,000종이 넘어 '발명왕'이라 불리고 있다. 초등학교에 들어갔으나 3개월 만에 퇴학을 당해 교육은 주로 어머니로부터 받았다. 집안이 가난하여 신문팔이를 하던 어느 해, 기차 실험실 안에서 화재를 일으켜 차장에게 얻어맞아서 귀가 안 들리게 되었고, 그 뒤부터는 사람들과의 교제도 끊고 연구에만 몰두하기 시작하였다. 그 무렵 패러디의 《전기의 실험적 연구》라는 책을 읽고 감명을 받아, 전기학을 공부하여 발명의 기초가 되는 지식을 얻었다. 1859년 철도 전신 기사와 알게 되어 전신 기술을 연구한 뒤 축음기, 백열전등, 영화 촬영기, 영사기, 축전기 등을 계속 발명하였다.

그는 죽을 때까지 연구를 계속하였는데, '에디슨 효과'의 발견은 20세기에 들어와 열전자 연구와 진공관에 응용되어 전자 공업 발달의 바탕이 되었다.

"천재란 99%가 땀이며, 나머지 1%가 영감이다."라는 유명한 말을 남겼다.

순자

(기원전 298?~기원전 238?)

　중국 전국 시대의 사상가이다. 성은 순, 이름은 황이며 순향 또는 손향으로 불린다. 조나라에서 태어났다. 제나라에서 유학하여 학사 중 최장로로 존경받았다. 그 뒤 초나라의 난릉에서 수령이 되었고, 벼슬에서 물러나서는 그곳에서 문인 교육과 저술에 전념하였다. 맹자의 성선설에 반대하여 '성악설'을 주장하였는데, 선이란 중용을 얻는 행위인데, 그냥 놔두면 인간의 행위는 중용을 벗어나는 경우가 많으므로, 이를 성악으로 보았을 뿐이며, 인성이 악마적이란 뜻은 아니었다. 그는 또 착한 인간이 되려면 예를 배워야 하며, 형식적인 예를 가장 중시하였다.

　법가의 학문은 이같이 형식을 중요시하는 순자의 학문에서 갈라져 나왔다고 하며, 한나라에서는 그가 맹자보다도 존중되어 유가의 정통으로 생각하였다. 청나라에 이르러 왕선겸에 의해 《순자집해》가 편찬되었다.

사르트르

(1905~1980)

　프랑스의 작가, 사상가이다. 파리에서 태어났다. 에콜 노르말 철학과를 졸업한 뒤, 1933년 독일에서 유학하였다. 철학 논문 《상상력》으로 이름이 알려지기 시작했고, 1938년 《구토》로 실존주의 문학을 처음 시도하며 주목을 받았다. 제2차 세계 대전이 일어나자 참전하였고, 1939년 포로가 되었으나 1941년 탈출하여 파리로 돌아왔다. 그 뒤 레지스탕스로 전쟁이 끝날 때까지 활약하였다.

　그 당시에 썼던 장편 소설 《자유의 길》, 철학 논문 《존재와 무》, 희곡 《파리》로 실존주의 문학을 대표하는 철학자, 작가가 되었다. 그 뒤 많은 평론의 소설을 썼으며 정치와 영화에 관련된 일도 하였다. 그는 문학가의 사회 참여를 주장하였고, 1954년 베를린 세계 평화 회의에서 연설을 하였다.

　20세기를 대표하는 지성인으로 평가되고 있다. 1964년 노벨 문학상이 주어졌으나 거부하였다.

　주요 작품으로는 《출구 없음》, 《무덤 없는 사자》, 《더럽혀진 손》, 《악마와 신》 등이 있다.

사마천

(기원전 145?~기원전 86?)

전한의 역사가이다. 룽먼에서 태어났다. 기원전 110년에 무제를 따라 장성 일대와 하북, 요서 지방을 여행하였으며, 이때 견문을 크게 넓혔다. 아버지 사마담이 죽으면서 자신이 시작한 《사기》의 완성을 부탁하였고, 그 뜻을 받들어 자료 수집을 시작하였다.

아버지의 뒤를 이어 태사령이 되었고 기원전 104년 천문 역법의 전문가로서 태초력의 제정에 참여한 직후 《사기》 저술에 본격적으로 착수하였다. 그러나 기원전 99년 흉노에게 항복한 친구 이릉을 변호하다 황제의 노여움을 사서 궁형을 받았다. 감옥에서도 저술을 계속하였으며, 기원전 95년 황제의 신임을 다시 얻어 환관의 최고직인 중서령이 되었고, 기원전 90년에 마침내 《사기》 130권을 완성하였다. 이 책은 전한 무제까지의 2,000년 동안의 역사를 기록하였으며, 중국 고대사의 귀중한 자료다.

간디

(1869~1948)

　인도의 민족 운동 지도자, 사상가이다. 포르반다르에서 태어났다. 마하트마(위대한 영혼)라는 이름으로 불리는 인도 건국의 아버지이다. 1887년 런던에 유학하여 법률을 배우고, 1891년 귀국하여 변호사 일을 하였다. 1893년 남아프리카에 들렀다가 그곳에서 인도 사람들이 백인들에게 박해를 받는 것을 보고 인종 차별 반대 투쟁을 시작하였다. 인도로 돌아와서는 영국에 대해서 납세, 취업 거부, 상품 불매 등을 통한 비폭력 저항을 실시하였다. 그래서 여러 차례 옥고를 치렀다.

　1947년 인도는 해방되었지만 힌두교와 이슬람으로 대립되었다. 이 문제의 해결을 위해 노력하다가 반이슬람 극우파인 한 청년의 흉탄에 쓰러졌다. 시인인 타고르의 방문을 받아 '마하트마'라고 칭송한 시를 받고, 그 뒤로 마하트마 간디라 불리게 되었는데, 그의 위대한 영혼은 인도 사람들에게 커다란 영향을 주었다. 일반적으로 독립을 위해서는 폭력이 큰 역할을 하였으나, 인도에서는 그의 비폭력 무저항주의가 오히려 더 큰 힘이 되었다.

갈릴레이

(1564~1642)

　이탈리아의 천문학자, 물리학자, 수학자이다. 피사에서 태어났다. 피사 대학을 중퇴하였다. 손수 망원경을 만들어 여러 천체에 대하여 관측을 하였는데 달에 산과 계곡이 있다는 것, 목성이 그것을 중심으로 회전하는 위성을 가지고 있다는 것 등을 발견하였다. 그 뒤 태양 흑점에 관해서도 연구하였다.

　이때 코페르니쿠스의 지동설에 대한 믿음을 굳히는데, 이것이 로마 교황청의 반발을 사기 시작하였다. 그래서 이단 심문소로부터 직접 소환되지는 않지만 재판이 열려, 앞으로 지동설은 일절 말하지 말라는 경고를 받았다. 그러나 천동설의 잘못된 점을 지적한 책을 썼다가 다시 재판을 받게 되었고 절대로 이단 행위를 하지 않겠다고 서약하고 풀려났다. 그때 "그래도 지구는 돈다."라고 한 말은 유명하다. 그래서 그가 죽은 뒤에도 공식적으로 장례를 치를 수 없었고 묘소를 마련하는 일조차 허용되지 않았다. 르네상스기에서 근대로 넘어가는 시기에 살았던 그는 근대 과학의 기틀을 마련한 학자로 평가를 받는다.

　주요 저서로는 《군사 기술 입문》, 《천구론 또는 우주지》, 《축성론》, 《별 세계의 보고》, 《황금 계량자》, 《두 개의 신과학에 관한 수학적 논증과 증명》 등이 있다.

제퍼슨

(1743~1826)

미국의 정치가, 교육자, 철학자이다. 미국 민주주의의 아버지라 불린다. 버지니아주에서 태어났다. 윌리엄 앤드 메리 대학을 졸업하고, 1767년 변호사가 된 뒤 정계로 나가 버지니아 식민지 의회의 의원이 되었다. 1776년 미국 독립 선언문을 기초하였다. 주지사, 프랑스 주재 공사 등을 지내며 봉건적인 장자 상속제를 없애고, 정치와 종교의 분리를 위한 〈버지니아 신교 자유법〉을 만들었다. 그 뒤 민주공화당을 결성하여 그 지도자가 되었는데, 이것이 민주당의 기원이다. 워싱턴 대통령 밑에서 첫 국무장관을 지내면서 새로 탄생한 미국 행정부의 기틀을 다졌다. 1796년 부통령, 1800년 제3대 대통령에 당선되어 새 수도 워싱턴에서 취임식을 거행한 최초의 대통령이 되었다. 대통령으로 있을 때 종교, 언론, 출판 자유의 확립 등에 힘썼다. 1819년 버지니아 대학을 세우고 총장이 되었고 민주적 교육의 보급에 노력하였다.

칸트

(1724~1804)

독일의 철학자이다. 쾨니히스베르크에서 태어났다. 루터교 목사가 운영하던 경건주의 학교에 입학하여 8년 6개월 동안 라틴어 교육을 받은 뒤 쾨니히스베르크 대학에서 공부하고 또 모교의 교수, 총장을 지냈다. 그는 결혼을 하지 않고 학문만을 연구하며 일생을 마쳤다. 프랑스 혁명과 같은 시대의 사람으로 그 이전의 서유럽 근세 철학의 전통을 모두 모아 하나로 완성하고, 그 이후의 발전에 새로운 기초를 확립하였다. 종래의 철학이 신 중심이었던 것에서 벗어나 인간 중심으로 되어야 한다고 주장했으며 그 영향은 여러 가지 형태로 오늘날까지 미치고 있다. '철학의 아버지'라 불리며 근세 철학사에서 가장 중요한 인물 중 한 사람으로 꼽힌다. 주요 저서로는《순수 이성 비판》,《실천 이성 비판》,《종교론》,《판단력 비판》,《인간학》,《자연 지리학》 등이 있다.

파스칼

(1623~1662)

　프랑스의 수학자, 물리학자, 철학자, 종교 사상가이다. 오베르뉴 지방의 클레르몽페랑에서 태어났다. 학교 교육은 받지 않았으나 독학으로 유클리드 기하학을 공부하기 시작하였다. 16세에 《원뿔곡선 시론》을 발표하여 당시의 수학자들로부터 주목을 받았다. '파스칼의 정리'는 이 시론에 포함되어 있다. 또한 세무 장관이던 아버지가 하는 일의 능률을 높이기 위하여 계산기를 고안하였다. 물리 실험의 결과를 《유체의 평형》, 《대기의 무게》라는 두 논문으로 정리하였는데 초등 물리학에서 나오는 '파스칼의 원리'는 《유체의 평형》 속에 포함되어 있다. 이 밖에도 그는 확률론, 적분법을 창안하였으며 예수회 신학의 기만을 폭로하는 글을 쓰기도 하였다. 《크리스트교의 변증론》을 집필하기 시작하였으나 병고로 인하여 완성하지 못한 채, 39세로 생애를 마쳤다. 사망 후 그의 가까운 친척들과 포르루아얄의 친우들이 그 초고를 정리, 간행하였는데, 이것이 《팡세》의 초판본이다. "인간은 생각하는 갈대다."라는 유명한 말이 이 책에서 나온다.

프랭클린

(1706~1790)

　미국의 정치가, 과학자이다. 보스턴에서 태어났다. 아버지가 경영하는 양초와 비누 제조업을 돕다가 형이 경영하는 인쇄소에서 《뉴잉글랜드 커런트》의 발행을 도왔다. 펜실베이니아 대학의 전신이었던 필라델피아 아카데미의 창설, 도서관의 설립, 미국 철학 협회의 창립 등 폭넓은 교육, 문화 활동에도 전념하였다. 자연 과학에도 관심을 가져 지진의 원인을 연구해서 발표하는가 하면, 고성능의 '프랭클린 난로'라든가 그 유명한 '피뢰침'을 발명하기도 하였다. 식민지 미국의 권익을 위해 일하다가 1776년 독립 선언 기초 위원으로 임명되었다. 그해 프랑스로 건너가 아메리카 프랑스 동맹을 성립시키고, 프랑스의 재정 원조를 획득하는 한편, 1783년 파리 조약 체결에 성공하였다. 1787년 헌법 회의에 펜실베이니아 대표로 참석하여, 각 주 사이의 이익 대립을 조정, 헌법 제정에 전념하였으며 새 정부가 수립된 이듬해 죽었다. 주요 저서로는 《가난한 리처드의 달력》, 《자서전》 등이 있다.

헤밍웨이

(1899~1961)

미국의 소설가이다. 오크파크에서 태어났다. 의사인 아버지를 따라 사냥이나 고기잡이 등을 자주 다녔으며, 고등학교에 다닐 때는 권투와 축구를 즐겼다. 제1차 세계 대전에 참전, 부상을 당하여 제대한 뒤, 특파원으로 파리에서 일하면서 《해는 또다시 떠오른다》를 발표, 작가로서 인정을 받았다. 이듬해 미국으로 돌아와 이탈리아 전선에서 겪었던 일을 《무기여 잘 있거라》로 써서 이름을 날렸다. 에스파냐에 내란이 일어난 1936년, 기자 신분으로 그곳에 갔으며 이때 얻은 경험을 《누구를 위하여 종은 울리나》로 써서 발표하였다. 바다와 싸우는 늙은 어부의 지치지 않는 정신과 고상한 모습을 간결하고 힘찬 문체로 묘사한 단편 소설 《노인과 바다》로 1953년 퓰리처상을 받고, 1954년 노벨 문학상을 받았다. 그의 작품은 간결한 문장으로 전쟁과 모험을 겪는 굳센 인간상을 그리는 특징을 지녔다.

주요 작품으로는 《오후의 죽음》, 《살인 청부업자》, 《킬리만자로의 눈》 등이 있다.

예수를 고발한다

1판 1쇄 발행 2022년 11월 30일

저자 이루다

교정 주현강 **편집** 김다인
마케팅 박가영 **총괄** 신선미

펴낸곳 (주)하움출판사 **펴낸이** 문현광

이메일 haum1000@naver.com **홈페이지** haum.kr
블로그 blog.naver.com/haum1000 **인스타그램** @haum1007

ISBN 979-11-6440-234-2(03200)

좋은 책을 만들겠습니다.
하움출판사는 독자 여러분의 의견에 항상 귀 기울이고 있습니다.